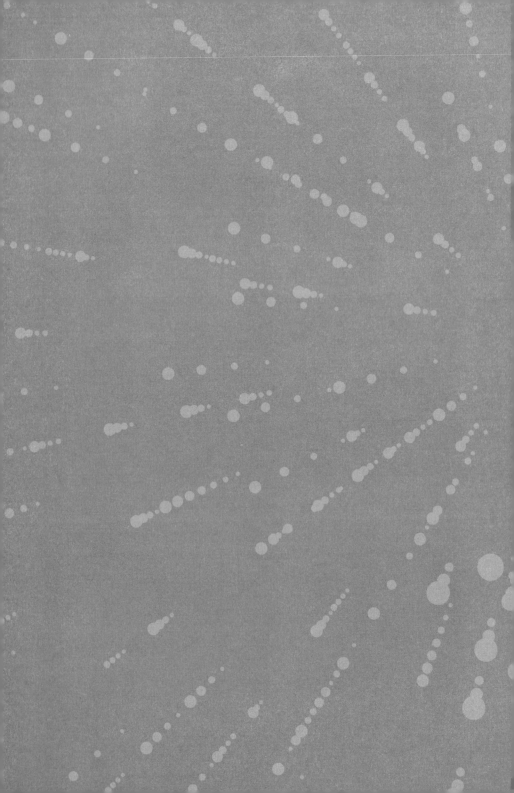

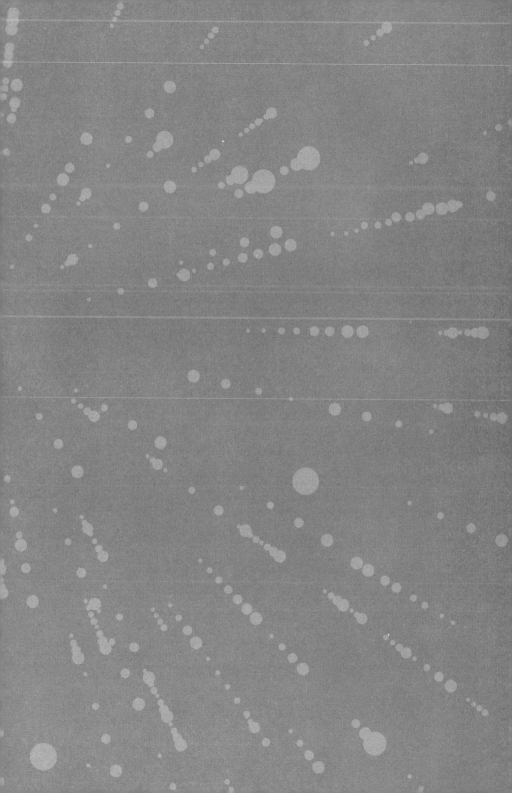

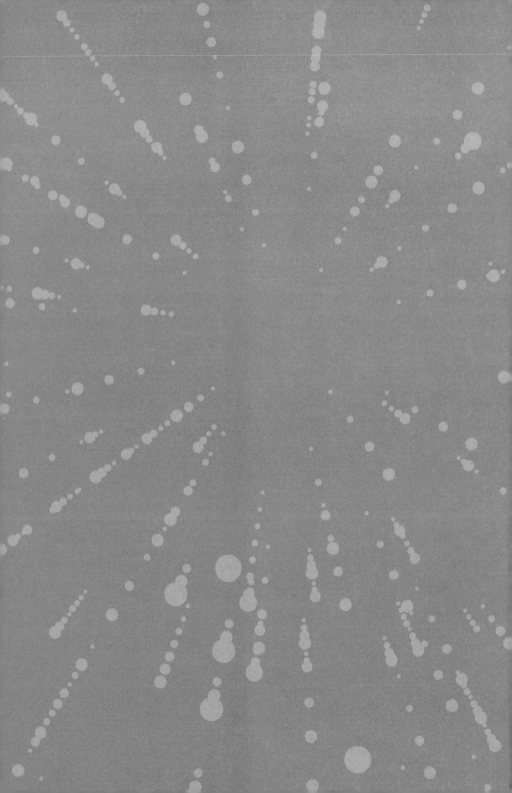

THE POWER OF

A GUIDE TO SPIRITUAL ENLIGHTENMENT

Eckhart Tolle

當下的力量

通往靈性開悟的指引

Eckhart Tolle
艾克哈特·托勒 著

梁永安 譯

各界推薦

我由衷向今日所有的求道者，推薦這本見解深邃、深具啟發性的書。

——《佛性的遊戲》作者 舒亞‧達斯喇嘛（Lama Surya Das）

這是現階段世人值得一讀的「正確書籍」。它條理清晰、字字珠璣，毫無疑問是一本不同凡響之作，大有可能讓許多人的生活煥然一新。

——溫哥華「班仁出版社」（Banyen Books）發行人
湯姆‧奧克利（Tom Oakley）

《當下的力量》是一個客人推薦我讀的，我讀了一頁便知道它字字都是真理。它是一件瑰寶，說理清晰和充滿睿見。在「東西方書店」這裡，它靠著讀者的口耳相傳而成為暢銷書。

——西雅圖「東西方書店」（East West Bookshop）經理
諾曼‧斯尼特金（Norman Snitkin）

托勒在兩方面做得相當成功：他把佛陀和耶穌等靈性導師的教誨整合在一起，為想得到靈性意識的人提供切合的指引；此外，他直指人受到心智支配、無法活在當下，是這世界各種苦難的根源……他讓開悟不再遙不可及，並讓我們知道：開悟對於個人的平靜與地球的健康都是不可或缺的。

——《前言》雜誌（ForeWord）

我毫不猶豫推薦艾克哈特‧托勒的這本好書。每個在我們書店裡拿起這本書翻看的顧客，都把它買了回家。《當下的力量》是靠著扎實的內容和讀者的口碑，而自動暢銷的！

——倫敦沃特金斯書店（Watkins Books Ltd.）經理
史蒂芬‧高特里（Stephen Gawtry）

清新、具啟發性、切合時局、帶給讀者新的靈感。儘管我的書桌堆滿靈性書籍，但這一本卓然出眾……如果你想重新找回自己與靈魂的連結，這本書是你最棒的陪伴。

——溫哥華《共同基礎》雜誌（Common Ground）

托勒以強而有力的清晰指引，承諾著把我們帶向自己內在的高處和美地。這本書呼應著、反映出一股真正的轉化能量。

——《靈性改變》雜誌（Spirit of Change）

書店的暢銷書書架通常都是被內容單薄的書籍佔據，但托勒的這一本卻能躋身其間、歷久不衰。引人好奇的是，這個不尋常的暢銷奇蹟還會維持多久。

——《何謂開悟？》雜誌（What is Enlightenment?）

一本靈性覺醒的指南，作者是我們這個世代洞見最清晰、最具啟發性的老師之一。

——芝加哥「過渡書店」（Transitions Bookplace）

過去十年來論靈性生活，最重要的一本著作。

——加州「雷鳥書店」（Thunderbird Bookshop）

目次

不能用大腦來讀的一本書

張德芬

　　這是一本不能用大腦讀的書，這也是一本百讀不厭的書。每一次讀它，我都有新的收穫。這本書被形容為「靈性開悟的指引」，可是對我而言，《當下的力量》是教導我們一種新的生活方式，告訴我們如何可以把日常生活中我們受的苦減到最低。每個覺得自己應該可以活得更好，過得更開心的人，都應該要讀《當下的力量》。讀了作者第二本書《一個新世界》的讀者，如果覺得還不過癮，當然需要追本溯源找到這本讓作者一炮而紅的原始著作。

　　首先，作者指出，我們人類受苦的根源是來自於我們的心智，也就是大腦的思維（見第一章）。思維其實也不是問題，問題出在我們無法控制我們的思維，反倒成為思維的奴隸，成為自己「強迫性思維」的受害者。作者在演講中曾經舉過一個

很具體的例子：現在是半夜三點，你在溫暖的被窩中，可是你氣得睡不著。引發你的怒氣的人早已安然入夢，那件事情其實也已經過去了，但是你的思想卻不放過你，一再地用它舊有的看事情的模式來解釋那個人多對不起你，那件事會讓你多危險、多丟臉、多麻煩、多⋯⋯想不完的！這就是病態的思維，停止不住的大腦思維，也是讓我們受苦的主要原因。

　　大腦的思維不但在日常生活中，製造了我們的痛苦，我們人類最基本的存在性焦慮和永遠在外在世界無法尋得滿足的肇因，也都來自於大腦的思維（第三章）。此外，作者在書中一再強調：我們遠離了真實的自我，是我們受苦的元凶。他稱真實的自我為本體（Being）。在《遇見未知的自己》這本書中，我稱之為「真我」，而這也是我們人類有孤離感，惶惶不可終日，始終不快樂、不滿足的主要原因。為什麼會失落真實的自我呢？作者的意見是：我們的大腦，創造了一個虛假的自我──小我（ego），讓自己有「真實感」。而正因為小我是如此的不真實，所以它不停在外在的世界尋求認同，追求物質世界的滿足來壯大聲勢。可惜我們愈聽從我們的小我，我們愈感到空虛和孤離。揮之不去的厭離感也油然而生，因為我們遠離、失落了真實的自我，也就是遠離了作者所說的：本體。

　　作者還提到了一個我們受苦的肇因：痛苦之身（見第二章）。痛苦之身是我們內在的一個能量場，它是我們過去未被

合理的表達和適當的釋放,因而累積下來的負面情緒能量場。作者描述的痛苦之身,好像一個寄居在我們身體之中的惡魔,在它沉睡的時候,一切相安無事。可是,一旦外在的事情不順利,或是有相關的人事物激活了它的時候,它就會甦醒。我們可以看到一個文質彬彬的人,會突然變了一個人,出現言語或肢體的暴力行為。或是有時候自己都不知道,為什麼一件小事情會引起情緒上的軒然大波。這就是痛苦之身被喚醒的結果。

　　好了,我們有一個不能正常運作的大腦思維,常常給我們找麻煩。現在又來了一個痛苦之身,不時跳出來攪局。難怪我們的人生苦多於樂,而且常常身不由己。怎麼辦呢?作者在書中提出了好幾個非常實用的方法,這些方法其實都是源自同一個最基本的理論:活在當下。當下有你所有想要的東西,當下也是你唯一擁有的東西。時間只是一種幻相,愈說愈玄了!其實,只要這樣想,就不難明白了。過去已經過去,不會再回來,但是我們多少人還是活在過去之中不肯放下?未來還沒有來臨,你也根本不可能去掌握它。你所能擁有的,不就是當下這一刻嗎?只要搞定現在這一刻,你就沒有問題了。未來就算一定會來臨,但是它也一定是以「當下」的方式出現的,不是嗎?最怕的就是明明人在這裡,可是腦子跑到過去了,帶來了憤怒、傷心、悔恨、愧疚等情緒。或是人在此刻,腦子跑到未來,於是產生壓力、焦慮、恐慌。

　　活在當下，活在每一刻中，作者稱之為「臨在」（第五章）。臨在指的是有覺察地安住於當下。所謂覺察，就是觀察自己腦袋裡面思維的能力，作為自己喋喋不休的思緒之流的觀察者。臨在的力量一來，你的喋喋不休就會停止。還有一個培養臨在、進入當下的方法，就是去關注我們的內在身體（第六章），把注意力放在我們的內在身體的能量場上。這是什麼意思呢？比如說，你可以試著把眼睛閉上，然後去感覺一下你的右手。此刻你看不到它，那麼怎麼知道它存在呢？你感覺得到它嗎？有沒有感覺到氣或是能量在你的指尖？書中有很詳盡的冥想方法，教你與你的內在身體做更多的連結，這樣就可以培養更多的覺察力。

　　作者一直強調「無意識」（unconsiousness）和「意識」（consiousness）的差別（第四章）。他認為，所有人類的瘋狂行為，都是出自於無意識，受到我們從小被制約的人生模式操控。比如說，你對一件事情的反應、看法、做法等，通常都有一定的軌跡可循，但是你不一定喜歡或贊同它們。所以某種程度來說，我們都是一個被灌好了程式的電腦。使用書中的一些教誨，練習作者提供的一些方法，便能夠增加我們有意識的部分，奪回一些自主權。

　　有一個「未顯化狀態」（unmanifested）也是作者著墨甚多的地方（第七章）。由於作者很喜歡《老子》一書，所以未顯化

狀態可以比為「道」，就是在天地萬物成形之前就存在的混沌狀態，是萬物生命的源頭，但是它從未誕生，也未曾消失過，而且無所不在（聽起來很像本體）。在它之中，沒有二元對立的好壞、對錯、是非、黑白。它是一個「一」的境界。相較於「已顯化世界」（manifested），就是我們眼見的物質世界，未顯化狀態體現於「空」、「空間」以及「寂靜」之中。看起來很神祕，但是，如果我們愈常接觸它，我們愈能感受生命的能量，也愈能在已顯化世界過得更好。書中詳述接觸未顯化狀態的一些方法，請讀者好好去體會、實踐。

　　本書第十章，談到了「臣服」這個概念，可能很多人剛開始無法接受。其實臣服就是老子所說的無為，蘊含著強大的行動力和正面向上的能量。我個人最喜歡第十章，因為裡面不但把臣服這個觀念講得淋漓盡致，更做了很多前面章節的總結和回顧。請讀者好好欣賞，細細的琢磨。

　　這本書，就像我先前說的，不能用大腦來讀。在讀的時候，最重要的是，從你的靈魂深處去感受那個似曾相識的感覺，去體會那個「看到真理就頓悟」的內在智慧，在字裡行間去感受那個震撼你心靈深處的能量。它在國外剛出版的時候，曾經長期蟬聯《紐約時報》心靈類暢銷排行榜第一名。我自己以它的主軸精神所撰寫的靈性小說《遇見未知的自己》在台灣的書市一直長銷，讀者反應十分熱烈，可見真理是可以被認出

來的。

　　如果讀者朋友對於本書有任何的回饋或是疑問，歡迎上我的部落格（http://blog.sina.com.cn/tiffanychang）去坐坐，提提問題。我也很願意盡我所能的與大家分享心得、交流。

繼續帶領人類邁向更高的開悟境界

就在初版六年後的今天，《當下的力量》繼續在轉化人類意識的緊迫任務中，扮演重要的角色。雖然本書由我筆下孕育而生，如今卻漸漸發展出它自己的生命和氣勢，它已傳到了全球數百萬讀者手中。許多讀者來信分享，閱讀本書如何改變了他們的人生。由於信件愈來愈多、堆積如山，我很遺憾不能再一一回覆，所以想利用這次出版平裝版的機會，向所有來信分享的讀者，致上最深的謝意。許多的分享都讓我深深動容，使我毫不懷疑，一場規模空前的意識轉化，正在地球上如火如荼展開了。

一九九七年，溫哥華的那瑪斯特出版社（Namaste Publishing Ltd.）發行三千本初版時，誰也沒料到會有日後的盛況。出版第一年，讀者透過口耳相傳，得知這一本書的存在。

那時，我每星期都會寄幾本《當下的力量》給溫哥華的一些小書店，請它們代為銷售。做這件事帶給我強烈的滿足感，因為我知道，每一本都可能讓某個人的生命煥然一新。有些朋友甚至幫我散播到更遠的地方（卡加利、西雅圖、加州、倫敦），交由一些靈性書店銷售。倫敦沃特金斯書店（Watkins，全球一家最古老、專賣形上學書籍的書店）的經理史蒂芬‧高特里（Stephen Gawtry）讀過本書之後，寫信告訴我：「我預見這本書將大放異彩。」他的預言正確無誤，隔年《當下的力量》就成了「地下暢銷書」（如一位書評所形容）。之後，它在一些書刊雜誌上獲得好評，銷量急遽增加；更在美國著名脫口秀主持人歐普拉（她自己深受本書影響）的積極介紹下，變得家喻戶曉。出版第五年，《當下的力量》登上了《紐約時報》暢銷書排行榜第一名，如今更有三十多種外語譯本，甚至在一直被當成是人類追求精神開悟發源地的印度，也相當受歡迎。

　　我收到的信件或電子郵件不下數千封，多數是一般民眾寄來的，但其中也不乏佛教僧侶、天主教修女、受刑人，以及面對疾病或死亡威脅的人。有些心理治療師推薦病人閱讀本書，有些則把我教的方法，整合到他們的治療方法中。許多來信者都表示，讀過《當下的力量》並依書中指導的實作後，他們的痛苦、煩惱大為減輕，甚至消失不見。其中，最為讀者津津樂道的有：覺知到內在身體（inner body）帶來的驚人裨益，擺脫

對過去和現在的自我認同而產生的自由感，以及放下對當下「如是」（suchness）的抗拒而產生的內在平安（inner peace）。很多人讀了不只一遍，而且每一次都獲得新的體會，覺得本書帶來的轉化力道不減反增。

環顧今日的世界舞台，人類的集體心智正處於極度失調狀態，這點從每日的電視新聞報導就可窺見。然而，人類集體心智愈失調，就有愈多的人體悟到，若不想招致自身和地球的毀滅，就必須立即展開根本的改變。對於改變的需求，加上已有幾百萬人準備好迎接一種新的意識狀態，是締造《當下的力量》大肆風行的最佳時空背景。

當然，這並不表示，每個人都以肯定的態度對待本書。在許多人和多數媒體當中，舊有的意識模式仍然根深柢固。凡是完全受到思維主宰的人們（這些人會不由自主和喋喋不休地在腦子裡囈語），必然無法看出《當下的力量》的精義。有些熱情的讀者把本書寄給親友，卻驚訝和失望地發現，對方覺得本書一無是處，讀了幾頁就讀不下去。另外，雖然全世界有幾百萬人覺得，這本書改變了他們的人生，但《時代》雜誌竟形容《當下的力量》是「聽不懂的胡言亂語」（Mumbo jumbo）。這也難怪，因為它要揭發的就是「小我」的運作方式，這必然會激怒「小我」，並引發小我典型的反應——抵抗和攻擊。

雖然受到一些誤解及批評，不過本書在全世界引起的反

應，近乎還是一面倒的正面迴響。我深信，未來一定還會再有幾百萬人受本書吸引，而《當下的力量》也將繼續對促進新意識的升起，做出舉足輕重的貢獻，繼續帶領人類邁向更高的開悟境界。

　　　　　　　　　　　　　　　　　　　　艾克哈特・托勒
　　　　　　　　　　　　　　　二○○四年四月十九日於溫哥華

是此時此地的你，
讓宇宙的神聖目的得以開展。
看看你有多重要！

──艾克哈特‧托勒

前　言

本書源起

我很少取用往事，也極少回溯過往。不過，這裡倒不妨扼要說說，我是如何成為一位靈性導師，以及本書又是如何誕生的。

在我三十歲之前，我一直生活在一種焦慮不安的狀態中，情緒低落，不時萌生尋死的念頭。如今談及過往，恍如隔世，就像前世或發生在他人身上的事情。

二十九歲生日過後不久，一個深夜，我自夢中驚醒，內心無限恐懼。我已多次有過這樣的感覺，卻沒有任何一次像那個晚上如此強烈。夜間的寂靜、黑暗房間裡模糊的家具輪廓、遠處傳來的火車隆隆聲響——這一切我都感覺如此陌生、充滿敵

意又毫無意義，讓我對世界升起一種深深的憎惡感。然而，最讓我憎惡的卻是自己。當時我想，何苦要背負這種可憐人生繼續活下去？何苦繼續掙扎？我感受到自己極度渴望從世界消失，強烈的程度遠超過我的求生本能。

「我無法再跟自己活在一起了。」我的內心反覆浮現這樣的想法，突然間，我意識到這個想法似乎哪裡不大對勁。「我是一個人還是兩個人？」我心想：「如果我無法再跟自己活在一起，那不就表示有兩個我，一個是『我』，一個是我不再想與之活在一起的『自己』。」我繼而又想：「它們之中，說不定只有一個是真的。」

這個奇特的領悟讓我極為錯愕，以致我的思維戛然而止。我的意識無比清晰，但就是沒有任何念頭升起。接著，我感覺自己被吸入一個能量漩渦當中。一開始漩渦轉動得很慢，但逐漸加快。我被強烈的恐懼攫住，身體開始發抖。我聽見一個像是發自胸膛的聲音說：「不要抗拒。」我感覺自己被吸入虛空，但這虛空是在我身體裡面而非外面。突然間，我不再恐懼，任由自己捲入那「虛空」（the void）之中。之後發生了什麼事，我已不復記得。

我是被窗外小鳥的啁啾聲叫醒的，那是一種彷彿從未聽過的聲音。當時，我的雙眼還緊閉著，卻看見了一顆珍貴鑽石的影像。對，我心想，如果鑽石能發出聲音，那一定就是我聽到

的那種聲音。我張開眼睛，第一道晨曦穿過了窗簾照射進來。我沒有思考，但就是知道，光所涵蓋的層面遠比我們所知的多得多。那道透過窗簾照射進來的柔和光線，就是「愛」本身。我淚水盈滿眼眶，站起身來，在房間裡來回踱步。這是我熟悉的房間，但此時我卻知道，我從未真正看見過它。每樣東西都如此清新質樸，像是來自太古初開。我撿起一枝鉛筆、一個空瓶和一些其他東西，對它們的美麗與鮮明讚嘆不已。

那一天接下來，我出門到街上四處走動，對於眼前所見的每件事物都嘖嘖稱奇，彷彿我才剛誕生於人世，一切都如此新奇。

接下來的五個月裡，我生活在一種不間斷、深深的靜謐喜悅之中。之後，這狀態的強烈程度稍稍減緩，或許並非減緩，只是我對它太熟悉、習以為常罷了。我依舊過著日子，做著一般人會做的事情，但我卻已明白，不管再做什麼，都不會為我已擁有的豐盛增添什麼了。

當然，我知道自己歷經了深刻的轉化，卻一點也不明白其中的道理。多年之後，我閱讀過一些靈性典籍並接觸了一些靈性導師，我才弄懂，很多人亟欲追尋的狀態早已發生在我身上。我明白到，那晚的強烈痛苦迫使我的意識，從心智所虛構的自我之中抽離開來，我不再認同那個不快樂、充滿恐懼的自我。那次的抽離是如此徹底，以致那個虛假的自我馬上

像洩了氣的氣球，完全癱軟，剩下的只有我的真正本質（true nature），也就是永恆的「我本是」（I am），那是意識未認同於任何形相（form）之前的清明狀態。稍後，我又學會了以完全清醒的意識狀態，進入無時間和無生死的境界，也就是我原先感受過的那個「虛空」，沐浴在無法形容的至福聖境中。接下來那段日子，我沒有任何關係、沒有工作、沒有家、沒有社會界定的身分認同。近兩年的時間，我幾乎都坐在公園長凳上，任由最強烈的喜悅充盈全身。

不過，即使最美妙的體驗也是這樣來了又走，始終不變的只有自在平安。它就像一道地下伏流，未曾離我而去。有時非常強烈，幾乎具體可觸，甚至連旁人都可感覺；有時則隱入背景的一隅，像是一段悠遠的旋律。

後來，開始有人偶爾來造訪我，問說：「我也想要你所擁有的，你可以把它給我，或教我如何得到嗎？」我回答：「這東西你本來就有，你感覺不到，是因為你的心智製造了太多噪音。」於是，我將這個答案擴大衍生，寫成了你手上的這一本書。

就這樣，在我自己尚未意識到之前，我再次擁有了一個外在身分，成為了一位靈性導師。

真理就在你內

　　過去十年，我在美國和歐洲協助一些個人或團體尋求靈性開悟，本書即是我教學的精華，我試著把它們寫成了文字。對於曾經參與的個人或小組，我心存愛與感激，他們都是不凡之人，擁有改變自己的勇氣，勇於發問且樂於聆聽。若不是他們，這本書大概也不會誕生。他們是人類中少數的一群，卻也是幸運的一群。他們已經達到可以擺脫人類集體思維模式的境界，正是這種集體思維模式，讓人類被痛苦束縛了好幾千年。

　　我相信，對於準備好接受徹底內在轉化的人，本書將助益良多，這會是讓他們煥然一新的催化劑。然而，對於那些尚未準備好的人，也同樣可以從中受惠，雖然他們不會立即劍及履及書中的教導，但也許假以時日，那顆因閱讀此書而在心裡埋下的種子，將與人人本具的開悟種子結合，於某一時刻在他們內在萌芽、成長。

　　本書主要以問答的形式呈現，這是我慣用的教學方式，不論是在座談會、冥想課程或私人諮商場合，都是由別人發問，我來回答。在這當中，我從提問人身上學到的，並不比他們從我身上學到的少。有些問答的內容，我幾乎一字不漏地寫入本書；有些則經過整理，把相近的問題加以歸納在一起。寫作過程中，某些問題若浮現了更深刻的答案，我也會加以補充說

明。此外，有些問題則是由編輯提出，好讓我可以將某些觀點詮釋得更清楚。

你將發現，從正文第一頁到最後一頁，所有的問答都是反覆往返於兩個層次之間。

其中一個層次，我將引領你認清你內在虛假的部分。我談到人類無意識狀態和意識失調的本質，以及這種失調最常呈現在行為上的形式（從伴侶關係的衝突，到部落或國家之間的戰爭）。認識這些相當重要，除非你先學會認清「假之為假」（一如並非真實的你），否則無法進行持續不斷的轉化，甚至可能重新落回幻相之中，受到各種形式痛苦的折磨。在這個層次之中，我會教導你如何不再把虛假當真，不再把「小我」視為自我，不再把它的煩惱當成你的煩惱。

而在另一個層次，我談到了人類意識的深刻轉化，那並非一個遙不可及的夢想，無論你是誰或身處何處，當下就可以達成。我將教導你，如何從心智的桎梏中解脫出來，進入開悟的意識狀態，並在日常生活中保持不墜。

關於這個層次，我用以表達的字句不一定只是知識訊息，更多時候，是為了引領你在閱讀時進入全新的意識狀態所設計的。一次又一次，我要引領你進入一種無時間性的強烈臨在狀態，淺嚐開悟的滋味。直到你可以經驗到我所說的之前，你可能會覺得書中有些段落稍有重複，不過若能有所體會，你會

明白這些字句所具備的強大轉化力量，即是本書讓人受益良多的部分。此外，由於人人本具開悟的種子，我談話的對象主要是針對你內的那位「知者」（knower），而不是「思考者」（thinker）——他是你的深層自我，能很快地認出靈性真理並與之共鳴，從中獲得力量。

本書在某些段落之間，會出現休止符「∫」，這是為了提醒你在此暫停閱讀一會兒，默觀（still，亦稱寂照）片刻，細細品味前面段落所說的真理。有些段落即使沒有「∫」符號，你說不定也想自然而然暫停下來，凝神沉思。

剛開始閱讀本書的時候，你對於有些名詞如「本體」（Being）或「臨在」（presence），也許感到陌生，不太清楚所指為何；不過沒有關係，請先繼續讀下去。閱讀過程中，也許不時會產生疑問或反對，針對這些疑問或反對，稍後的內容或許就有所回應；也有可能，在你更深入我的教導——認識你真正的本質之後，這些疑問對你就變得無足輕重了。

不要只用心智（mind）閱讀本書，要隨時留意自己在閱讀過程中的感覺反應（feeling response），內心深處對它的共鳴。本書中，我所訴說的靈性真理，無一不是你內心深處早已了知的。我能夠做到的，僅僅是提醒你早已遺忘的事情。我只是想讓那些亙古常新的活知識，從你身體的每個細胞中被激發、釋放出來。

心智總喜歡不停地分類和做比較，不過如果你想從本書獲得更多，那最好捨棄慣用的理解方式，以避免認知上的混淆。譬如，書中雖然也出現「心智」、「快樂」、「意識」之類的字眼，但它們的意涵未必與其他書籍相同。別執著於字面上的意義，文字只是過河的踏腳石，一旦過河了，就該把它們拋諸腦後。

我偶爾也會引用耶穌或佛陀的話，或是引用《奇蹟課程》（*A Course in Miracles*）之類的靈性教導，這樣做不是為了比較異同，純粹只是想讓你注意到一個事實：世上只有一種靈性教導存在，或許透過不同的形式展現，但其本質都是相同的。有些靈性教導的形式，如各種古老宗教，隨著時間的推移，因背負了過多外在事物，原有的靈性本質幾乎完全被掩蓋了。很大程度上，其深義已無人了知，轉化的力量也已蕩然無存。我之所以引用古老宗教導師的話，主要是想重新揭露它們的深層意涵，恢復它們的轉化力量。這一點，我是特別針對這些宗教的信徒而做的。我要告訴他們，真理不需要往他處去尋，只要更深入你本已具足的便可得到。

不過，為了讓更廣大的讀者可以接受本書，我還是盡可能運用一般文字語言來解釋真理。本書是嘗試以當代的語言，去述說一個無時間性的靈性真理，那是所有宗教的精粹，而其立論不在外界，就在我們裡面唯一真正的「源頭」（Source）。所以本書既不述說理論，也不進行推論，我所說的一切完全出於

自己的內在體驗。如果我有時語氣顯得嚴厲，那只是為了斬斷你層層疊疊的心理抗拒，直達你早已了知一切的深處。在那裡，你只要聽聞真理，馬上就可認出它來。之後，你將感到振奮、充滿活力，彷彿聽見內在有誰說著：「對，我知道他句句屬實。」

第一章

你不等於你的心智

開悟的最大障礙

請問何謂開悟？

　　一位乞丐坐在路邊行乞三十多年了，有一天，某個路人經過。「施捨點錢吧！」乞丐喃喃求道，機械性地伸出手中的老舊網球帽。「我沒什麼可以給你的。」路人說，接著問：「你坐著的那個是什麼東西？」「沒什麼特別的，」乞丐回答：「只是個老舊箱子。我坐著它都不知多少年了。」「你打開看過嗎？」路人問。「沒有，」乞丐回答：「何必多此一舉呢？裡面什麼也沒有。」「打開看看嘛。」路人堅持。乞丐不情願地打開蓋子，結果又驚又喜，難以置信箱子裡面堆滿了黃金。

　　我就是那個沒什麼可以給你，卻要求你往「裡面」看看的路人。我要你看的不是箱子裡面，而是你自己裡面。

　　「但我又不是乞丐！」我可以聽到你這麼說。不論擁有多少物質財富，凡是不知道自己擁有「寶藏」的人都是乞丐。這「寶藏」就是本體的喜悅（the joy of Being），和不可動搖的內在平安（inner peace）。世人總是在向外追尋，尋求成就感、認同感、安全感或愛，他們不知道，自己內在的「寶藏」早已蘊含了這些，甚至還有更多這世界無法供給的事物。

　　開悟總是被想成一種艱難的超凡成就——小我（ego）總喜歡唆使人這樣看待開悟，事實上，開悟只是一種自然而至的狀態，一種讓人感受到與本體合一的狀態。本體是如此廣闊無垠、堅而不摧，吊詭的是，它既是你，又比你更為廣大。回歸於本體，就是回歸到你未有名字和形相之前的真實本質。人若是感覺不到與本體緊密連結，就會落入人我分離的幻相（illusion）。如此，你將有意識或無意識地視自己為孤立的碎片，充滿了恐懼，不斷感受到內在與外在的衝突。

　　我很喜歡佛陀將開悟簡單定義為「受苦的終結」。這意味著開悟並非超人才能達到的成就，不是嗎？當然，嚴格說來，這個定義仍是不完整的。這只提示世人開悟並非什麼（即不再受苦），卻沒說明少了痛苦後，剩下來的是什麼？佛陀對這個問題緘默不語，希望世人自己去找答案。佛陀運用這樣否定式

的定義，是為了不讓心智以為開悟是某種實有之境、超人境界，一種我等凡夫俗子無法達到的目標。話雖如此，多數佛弟子卻未能體會佛陀的用心，反而相信開悟是佛陀的專利，不是他們（至少在此生）也可以達成的。

你提到了「本體」這個字，可以解釋一下那是什麼意思嗎？

　　本體就是那永恆臨在的「至一生命」（One Life），它超越所有生命形式，不受生老病死所困。本體不只超越所有形相，還根植於所有形相之中，是其無形無相又堅不可摧的本質。也就是說，本體是你的真實本質、最深層的你，而且你在此時此刻就可以感受得到，但別企圖用心智去掌握和理解。只有當心智靜止下來，你才有機會認出它來。當你處於臨在，全然專注並安住於當下，便能感受到本體。重新意識到本體的存在並與之連結，進而安住於此「感受圓滿成就」（feeling-realization）狀態中，便是開悟。

你說的「本體」是指神嗎？如果這樣，何不直接稱它為神呢？

「神」一詞在被濫用了幾千年後，早已變得空洞、無意義。我偶爾也會運用這個詞，但是極少。人們說到「神」時總是信心滿滿，深信自己知道所指為何，其實他們從未窺見其所意含的神聖浩瀚之境。否定神的人們也是如此，即使他們提出種種神不存在的理由，仍不明白自己在否定的是什麼。正因為神如此被濫用，才造就了荒誕的信仰主張及自大心態，例如，人們會說：「只有我們的神才是唯一真神，你們的神都是假的。」或者，如尼采的名言：「上帝已死。」

「神」已變成一個僵化的觀念。從前，人們一說到「神」，腦海裡最常浮現的影像就是一個白鬍子老公公。現在也許有所改變，但內心呈現的，仍不脫外在於你的某人或某物，而且幾乎一律都是男性。

不管是神、本體或其他字詞，都不能界定其背後那無法言傳的實相（reality）。所以，唯一重要的是，這樣的字詞是人們經驗實相的助力還是阻力，它可否超脫自身意義，指引人們更認識實相，還是容易誤導人們，被當成一個概念或偶像看待呢？

其實，稱之為本體或神都無所謂，不過「本體」一詞確實比較合適，因為這是一個開放性的概念，不會將那無以名狀的

事物給局限住了。聽聞本體一詞，人們不會因而產生任何心理形象（mental image），也不會有人聲稱可以壟斷本體。那是我們共同的本質，我們可以透過活在當下立刻感受得到。「我本是」先於我是這個人或是那個人，因此，從「本體」一詞到感受本體的存在，僅僅一步之遙。

體驗到這個實相的最大障礙是什麼？

　　就是你對於心智的認同。心智會強迫你不斷思考。無法停止思考是非常可怕的疾病，幾乎所有人都深受其害，卻誤以為那才叫正常。喋喋不休的心智噪音，讓人無法尋得內在的默觀寂照（stillness），而默觀與「本體」是分不開的。心智噪音還製造出了虛假自我，讓人的生活籠罩在恐懼與痛苦之中。關於這點，我稍後再進一步說明。

　　當哲學家笛卡爾（Descartes）寫下名言「我思故我在」時，他深信自己已尋得了根本真理。事實上，那並非真理，反倒是世人最根本的謬誤——把思考等同於「本體」，把自我等同於思考。凡是強迫性思考者（幾乎是所有人），都生活在一種人

我分離的狀態。他們眼中的世界相當瘋狂而複雜，充滿了各種問題與衝突，這複雜性反映的正是心智不斷分化、自尋煩惱的特性。相對的，開悟則是一體的圓滿境界——和已顯化的外在世界合一，也和未顯化的內在生命合一。開悟不僅是受苦的終結、各種內外衝突的終結，還是奴役狀態的終結，讓人擺脫無止盡思考的可怕奴役。那是何等不可思議的解脫！

　　與心智認同的人，滿腦子充斥著概念、標籤、意象、文字、判斷和定義，這些東西就像一道道不透明的簾幕，橫亙在你與自我、你與他人、你與大自然、你與神之間。那是一道思維的簾幕，製造出分離的錯覺，讓你以為自己與他人完全隔絕。如此一來，你將忘記一個根本的事實：你雖具物質形相，但在這表象底下，你與天地萬物原是一體的；也就是說，你不再感受到與天地合一是不言自明的真相。你也許相信這是真的，卻無法真正了知這是真的。單單相信也許會讓你感到安慰，但唯有透過自己的體驗，它才能真的具備解脫的力量。

　　思考已經是人的通病。幾乎所有的病都跟失去平衡有關，像是細胞分裂原本並非壞事，但如果細胞罔顧主人整體健康，不知節制地分裂下去，就會導致疾病。

　　心智如果被正確地使用，將是一個無比有用的工具。反之，它將非常具破壞性。更精確地說，問題不在於你是否誤用了心智，而在於你根本沒用過它——都是它反向地在使用

「你」。這就是病，你以為你的心智就是你；這完全是一種幻覺（delusion），一旦落入這個圈套，你就會受制於這個工具。

我不同意你的說法。沒錯，我就像多數人一樣常想些有的沒的，但我仍然可以運用心智解決問題或完成事情。

解出填字謎語或製造原子彈，並不代表運用心智。就像狗喜歡啃骨頭一樣，心智也喜歡啃難題，這便是人們樂於為填字謎語或製造原子彈絞盡腦汁的原因。你也許對這兩者都不感興趣，那麼讓我這樣問你吧，你可以在不想思考的時候停止思考嗎？你有一個可以關掉思考的按鈕嗎？

你是說完全停止思考嗎？不，我辦不到，頂多只能停止思考一下子。

那就表示心智操控了你，你已經無意識地與它認同了，甚至不知道自己已成了囚奴。這就像是被附身卻不自知，還將附身之物當成自己。你若想重獲自由，首先需要明白，你不是附在你身上之物——你不等同於「思考者」，明白這件事可以讓你觀察到自我這個實體（entity）。就在你開始觀看這個思考者的那一刻，一種更高層次的意識就會啟動。你將會明白，有一種

超越思維之上的「智性」(intelligence)存在，它是如此浩瀚無邊，相形之下，思維只佔了其中的極少部分。你將會發現，對你來說真正重要的東西（美、愛、創造力、喜悅、內在平安），都是從這比思維更高的層次應運而生。你就開始覺醒了。

從心智的束縛中解脫

你所謂「觀看這個思考者」，是什麼意思？

　　如果有誰對醫生說：「我聽到腦中有個聲音在說話。」他八成會被送去精神病院。事實上，每個人某種程度上都會在腦中聽見聲音，甚至還會聽見不只一種聲音交相出現。人們不知道自己擁有力量，可以停止這種無意識的思維過程，只好讓這樣的內在獨白或對話無止境延續下去。

　　在街道上，如果看到有人不停大聲喃喃自語，我們會說他是「瘋子」。不過，這些「瘋子」和所謂的「正常人」其實只有一線之隔──後者的喃喃自語只是沒有發出聲來。人的腦海中總是不停地冒出評語、猜測、批判、比較、抱怨、喜歡或不喜

歡，這些就是心智的喃喃自語。聲音不一定和你當時的處境有關，也許你只是在回憶往事或想像未來。我們常會因為杞人憂天，而對未來有所想像，這就叫「擔心」。有時，擔心不僅有聲音，還會伴隨畫面出現，這就稱為「心理電影」（mental movies）。不過，即使腦中的聲音與四周情境有關，仍會受到過去經歷干擾。因為那些聲音是你受制約的心智（conditioned mind）製造的，心智受到過去及集體文化思維模式的制約，人往往會透過過去來看待、判斷現在，因此產生全然扭曲的視野。所以，要說那聲音是人類最大的敵人，也不為過。許多人任由這樣的聲音存在大腦中，默默忍受著持續不斷的折磨，任其將自己的生命能量吸乾，數不清的淚水和疾病都源於此。

　　好消息是，你可以從心智的束縛中解脫，這是唯一的真正解脫。首先，你可以做到的是，盡可能多花時間聆聽腦中的聲音，注意任何重複冒出的思維模式——那些在你腦海像老唱片般重複播放的片段。我所謂「觀看這個思考者」的意思即在於此——只是待在那裡，聆聽腦中的聲音，當一個臨在的見證人。

　　你在聆聽腦中聲音的時候，記得要保持中立。不要去評斷或譴責任何腦中的聲音，否則那將形同你請它們從前門出去，卻讓它們從後門溜了回來。你若能保持中立，將可以很快明白：聲音在那裡，而我本是則在這裡聆聽著、觀看著。我本是的領悟並非一個想法，而是對你的臨在的一種了悟，它是從比

思維更高的層次升起的。

　　所以，當你在聆聽想法的時候，不只會覺知到這一個想法，還會覺知到你自己——你自己就是觀看想法的人。這時候，一個新的意識向度產生了。當你聆聽你的想法，你會感到想法的背後有一種意識臨在，那就是你的深層自我。與此同時，思維喪失了箝制你的力量，並很快地消散，因為失去了你的認同，它不再獲得能量的灌注，這一刻便是終結無意識強迫性思維的開始。

　　當你的想法開始褪去，你將會在思緒之流（mental stream）中，體驗到一些不連續、可稱為「無念」（no-mind）的間隙。起初，這些間隙轉瞬即逝，每次大約只維持幾秒鐘，但會漸漸為時愈長。只要這些間隙出現，你的內心將會感到些許寂靜和平安。這是你與本體合一的開端，是你回到真正的你的開端，而這個狀態經常會受到心智的干擾，不過只要持之以恆，靜默和平安的感受會愈來愈深。事實上，它的深度是無止境的；你將會感受到，有一種精微的喜悅從內在深處升起，那即是「本體的喜悅」。

那不是一種恍惚狂喜的狀態，一點都不是，你的意識不會因此模糊，反而會更加清明。如果追尋內在平安要以減低你的意識清明作為代價，或是會減損你的生命活力與覺察力，那麼這種狀態根本不值得你去追尋。一旦你與你的內在相連結，你的意識將變得更警醒、更清明，你會全然地臨在。這種狀態能增強生命能量場的振動頻率，讓你的身體更有活力。

在東方的說法中，一個人進入無念的境界愈深，愈能了悟到純粹意識（pure consciousness）。在其中，你能夠強烈且歡喜地感受到自己的臨在。相對之下，你的思維、情緒、身體狀況，甚至整個世界都變得微不足道了。然而，這不是一種自我中心的狀態，反而是一種無我的狀態，它會帶領你遠離先前被你誤認為自己的那個「你自己」。臨在本質上就是你，但又不可思議地大於你。我這樣的說明，也許聽起來吊詭甚至自相矛盾，但是我實在找不到其他更好的表達方式了。

若想在思緒之流中創造間隙，除了「觀看這個思考者」之外，還有另一個方法──專注於當下，也就是全神貫注在此時此刻。這個方法，將會帶給你一種深沉的滿足感。你可以運用

它，讓意識從思維活動中抽離出來，創造出一個無念的間隙。在這個間隙裡，思緒不復存在，你將進入一種高度覺知的狀態。這就是靜心冥想（meditation）的精義所在。

你可以在自己日常的例行活動中，練習這個方法，把專注力放在原本習焉不察的事務上。例如，每次上下樓梯時，專注於你正踏出的每一步、每一個動作，甚至每一次呼吸。洗手時也是如此，專注於手的動作、水的聲音、水的觸感、肥皂的氣味。如果你有開車，應該在坐定後先安靜個幾秒鐘，專注在呼吸上。那麼，原本只是為了達成某個目的而做的日常活動，將會轉變為目的本身。而在此過程中，有個衡量自己是否真正全神貫注的標準——你感受到內在平安的程度。

所以在邁向開悟的旅程中，最重要的一步便是學習撤除對心智的認同。每當你在思緒之流中成功創造出一次間隙，你的意識發散出的光芒就更耀眼。

某一天也許你會發現，自己竟可以對腦中的聲音一笑置之，如同面對孩子的童言童語了。這意味著，你不再對心智的一切如此在意，你的自我意識擺脫了對它的依賴。

開悟：超越思維之上

但是，人要在世上活下來，思維不是不可或缺的嗎？

思維是一種工具，是讓你用來完成任務的工具，當任務結束，就應該放下這個工具。大多數人的思維約有八、九成都是反覆和了無用處的，遑論這些失調的思維及其負面本質常帶有傷害性。觀察自己的心智，你將知道我所言不假，思維會嚴重損耗你的生命能量。

強迫性思考猶如一種上癮症，上癮的特徵是什麼？就是你沒有選擇權。你無法對它喊停，你覺得它比你更有力量。上癮之物會帶給你歡愉的幻相，為什麼說是幻相？因為這些歡愉終將變成痛苦。

我們為什麼會對思考上癮呢？

因為你與它認同了，也就是說，你從思考的活動和內容中感受到自我的存在。因為你相信，只要停止思考，自己就不復存在了。成長過程中，在個人及文化的外在環境塑造下，你逐漸勾勒出一個自我形象。這個幻影般的自我形象稱為「小我」，它由心智活動組成，需要不停進行思考才能存在。關於小我，

每個人對它的認知不盡相同；對我來說，它就是指虛假自我
（false self），是人們無意識地認同於心智的衍生物。

　　對小我而言，當下很難存在，它認為重要的只有過去與未
來。這樣徹底的顛倒是非，正足以反映小我模式下的心智失調
得多麼嚴重。小我最關心的是如何讓過去保鮮，因為沒有了過
去，你會是誰？小我也不斷遙望未來以確保它能繼續存在，想
在未來尋得某種安心或成就，它會說：「只要等到那一天，等
到這件事或那件事發生，我就會更幸福了，既快樂又平靜。」
有時，小我看似關注當下，但看見的並非真正的當下，它總是
戴著過去的有色眼鏡觀看當下，進而扭曲了當下。或者，它只
是把當下看成一種工具，供它完成假想的未來目標的跳板。觀
察你的心智，你將知道小我是如何運作的。

　　其實，當下乃是一把開啟解脫的鑰匙。不過，如果你繼續
認同於心智，你將無法尋得當下此刻。

**我不想失去分析和分辨的能力，我願意學習如何更清明、
更專注地思考，但我不想放棄思考本身。思考是人最珍貴
的天賦資產，沒有了思維能力，我們將無異於其他動物。**

　　心智主導不過是意識演化過程中的一個階段，現在，我們
迫切需要邁向下一個階段。若不這麼做，我們終將被這頭心智

怪獸給摧毀。關於這一點，我稍後再詳加說明。思考並不等同於意識，那只是意識的極小部分；思考仰賴意識才能存在，但意識的存在卻不必仰賴思考。

　　開悟意味著超越思維之上，不掉入比思維更低的層次——即動物或植物的層次。在開悟的狀態下，若有必要，你還是可以運用心智去思考，不過會比從前更專注而有效率地使用它。你用它來應付現實問題，但你的內心卻是一片寂靜，沒有之前不由自主的喋喋囈語。當你使用心智，特別是用來尋求一個有創意的解決方案時，你將在幾分鐘之內，不斷往返於思考與默觀之間，往返於心智與無念之間。無念就是不帶思維的意識狀態，人藉此才能進行創意性思考；只有在無念中，才能發揮思維的真正力量。光憑思維，你將與浩瀚的意識海洋失去連結，而迅速地失去創造力，變得錯亂和深具破壞性。

　　本質上，心智是一部求生機器，它擅長攻擊別人、保護自己，擅長蒐集、儲存和分析資訊，卻毫無創造力可言。無論自覺與否，所有的藝術家都是在無念的空間中，在默觀的狀態下獲得創作靈感的，然後再透過心智為創意找到一種形式。就連最偉大的科學家亦表示，他們的突破性創見皆得自心智靜默的時刻。一項針對全美知名數學家（包括愛因斯坦）的研究顯示，在這些專家的工作項目中，「思考只是次要的，真正具決

定性的是靈光乍現的片刻。」[1] 由此可知，絕大多數的科學家之
所以缺乏創造力，不是因為他們不懂得怎樣思考，而是他們不
懂得如何停止思考！

　　地球上的生命如何被創造出來並能持續繁衍，人的身體如
何受造並能維持運作，諸如此類的奇蹟，都不是透過心智思考
可以明瞭的。很顯然，有一個比心智聰明無限倍的「智性」在
運作。否則，你要如何解釋，一個小小的人類細胞（直徑一千
分之一英寸）裡的DNA，竟能容納相當於一千本六百頁的書
的資訊量？對人體的研究愈深入，愈能感受到已知知識的淺薄
和「智性」的廣袤浩瀚。一旦心智與「智性」重新連結，便會
脫胎換骨，成為無比神奇的工具，為高於它自身的智性所用。

情緒：身體對心智的反應

*那麼關於情緒呢？我覺得自己受情緒擺佈的時間，更勝於
受心智擺佈。*

　　當我在使用心智一詞時，其意指的並非思維而已，還涵蓋
了各種情緒、無意識的「心理—情緒」反應模式。情緒是在心

1　　摘自亞瑟・柯斯勒（Arthur Koestler）的《機械魅影》（*The Ghost in the Ma-
chine*）London: Arkana, 1989, p.180.

智與身體交會時產生的，情緒是身體對心智的反應（你也可以說，情緒是你的心智在身體上的反映）。例如，當你對某人升起攻擊的念頭或敵意時，身體就會累積稱為「憤怒」的能量，這時，你的身體會處於備戰狀態；而當你認為自己受到生理或心理上的威脅，這念頭會讓你的身體收縮，產生「恐懼」的情緒。科學研究顯示，強烈的情緒甚至可以引起身體的生化反應，這些生化反應是情緒在生理或物質面向的呈現。我們並不總是能意識到自己在想什麼，但是透過觀照你的情緒，你可以更清楚自己的思維模式。

你愈認同於自己的思維、好惡、判斷與解釋，你就愈少以旁觀者的角色臨在，如此一來，情緒的驅力就會愈強大。如果你無法感受到自己的情緒，你與情緒的連結被切斷，最終將會在純生理的層面上體驗到這些情緒，它將以疾病或症狀的方式呈現出來。近年來，已有大量文章探討此類議題，所以在此就不多做贅述。一道強烈的無意識情緒，有時會帶來看似意外的事故。例如，我觀察到，那些身上累積大量怒氣而不自知的人，往往很容易受到他人口頭或身體的攻擊，卻不明所以。這是因為他們散發的無形怒氣，會被同樣憤怒的人們無意識地接收到，從而觸發了這些人潛藏的怒氣。

如果你不太容易感受到自己的情緒，可以先專注在身體的內在能量場上。從身體裡面去感受身體，這將可以讓你和自己

的情緒產生連結。關於這點，我稍後會再做說明。

你說情緒是心智在身體上的反射，但有時候，它們兩者之間是衝突的，當心智說「往東」，身體卻偏要「往西」。

　　如果要知道你的心智在想什麼，身體永遠會給你最忠實的反映。觀照你的情緒，更精確地說，就是從裡面去感覺你的身體。如果心智和身體看似有衝突，說謊的一定是心智，說實話的一定是情緒。情緒不能告訴你「你是誰」，但能夠真實呈現你當時的心智狀態。

　　當然，表層思維與無意識的心理歷程有衝突是很常見的。你目前也許還無法將覺知帶入無意識的心理活動中，如同帶入思維中一樣，但那總會以情緒的方式反映在你身體上。運用這種方法觀照情緒，基本上就和之前提及的聆聽或觀看思維一樣，唯一的差別只是思維存在腦中，而情緒卻有強烈的生理成分，是你可以透過身體感受到的。運用這個方法，你可以讓情緒如實展現，而不受其控制。你不再與情緒合為一體，你是觀察者，情緒是被觀察者。依照這種方法練習，所有存於你體內

的無意識部分，都將被意識之光照亮。

你是說，觀照各種情緒就像觀照想法一樣重要嗎？

是的，你應該養成這樣的習慣，隨時問自己：「此刻，我內在有什麼樣的情緒？」這個問題將把你帶往正確的方向。但切記，千萬不要分析情緒，只要觀照它就好。把你的注意力向內聚焦，去感受情緒的能量。如果沒有情緒浮現，就把注意力更集中在身體的內在能量場上，那是進入本體的一扇大門。

情緒通常代表一種被放大和強化的思維模式，情緒負載著強烈的能量，所以，想觀察它一開始並不容易。情緒總是想辦法要控制你，而且都能如願以償，除非你有足夠的臨在意識。一般人們常會無意識地被情緒牽著鼻子走，此時，情緒會暫時取代「你」，一個建基於思考和情緒兩者之間的惡性循環於焉形成──它們相互餵養彼此。首先，思維把它自己強力反映在身體上形成情緒，然後情緒的振動頻率再餵養原本的思維模式，讓其執著於引起情緒的人事物，而這種執著又會帶給情緒

更大的能量，如此循環不息。

　　基本上，所有的情緒都是來自同一個無分別性的原始情緒，這原始情緒起因於人們遺忘了：在名字和形相之外，自己究竟是誰。由於這原始情緒的本質如此無分別性，我們很難給它命名。「恐懼」可能是較為貼近的名稱，但除了不間斷的不安全感之外，這個原始情緒還包括了一種深沉的被遺棄感、不完整感。我想，我們可以簡單地找到一個與這原始情緒同樣無分別性的字眼——「痛苦」。心智之所以需要無休止地活動，主要就是想擺脫情緒上的痛苦。然而，不管心智多麼努力，效果都是短暫的，它只能暫時將痛苦掩蓋住。事實上，心智愈用力去除痛苦，你所感受到的痛苦就會愈大。心智永遠也找不到解決這問題的辦法，它是不會容許你去找出辦法的，因為它自己就是罪魁禍首。這就好比一位警察局長犯下縱火案，那就別再指望他能查出縱火犯是誰了。

　　只要你與心智認同，就無法從痛苦中解脫。但如果你能將心智從權力的寶座上拉下來，本體就會自動現前，讓你明白它才是你的真實本我。

　　是的，我知道你接下來要問什麼。

我想問的是，難道愛與喜悅這類正面的情緒也是不好的嗎？

　　真正的愛與喜悅離不開人的本然狀態，也就是人與本體合一的狀態。每當思緒之流中出現間隙，我們就有可能瞥見愛、喜悅，或是一剎那的深度平安。對多數人來說，這樣的間隙只是驚鴻一瞥，或意外碰上的。當你目睹極致美麗的事物，體能發揮到極限，或身處極大危險之際，心智會倏然「無言」被一片寂靜籠罩。在此寂靜裡，存在著微妙而強烈的喜悅、愛和內在平安。

　　這樣的時刻通常極為短暫，你很快又會被心智噪音（即思考）給淹沒。在你尚未擺脫心智箝制之前，愛、喜悅、內在平安無法源源不絕地湧現。但這三者並非我所稱的情緒，它們存在於一個比情緒更深的層次。正也因此，你需要去全然感受自己的情緒，才能進一步感受到比情緒更深的東西。「情緒」一詞源自拉丁文emovere，意指「帶來困擾」，情緒的本義乃是「困擾人的東西」。

　　愛、喜悅和內在平安是「本體」的三個面相，是人與本體相連結時產生的三種感受。是故，真正的愛、喜悅和內在平安是沒有對立面的，它們並非心智的產物，而是超越心智之上。情緒則不然，情緒是二元心智（dualistic mind）的產物，受制於二元對立的法則。換言之，你不能只要快樂、不要痛苦，不能只要愛、不要恨。當你處於未開悟狀態，擁有的只是快樂，不是喜悅；短暫的快樂之後，必然轉變為痛苦。快樂來自於外

在，但喜悅則源於你的內在。快樂與痛苦彼此依存，今日帶給你快樂的事物，明天可能會讓你墜入痛苦的深淵，或者你也會因為失去它（這是早晚的事）而感到痛苦。我們一般所謂的「愛」，也是如此；愛情可以帶給人們強烈的幸福感，但基於它高度需索的本質，也可能一瞬間就轉變為恨。事實上，許多所謂的「愛」，除了初期幸福洋溢的階段之外，都擺盪在愛恨之間，擺盪在相互吸引和彼此攻擊之間。

　　真正的愛不會讓人痛苦。當然不會，因為愛不會突然轉變成恨，一如真正的喜悅不會突然轉變為痛苦。我在前面說過，即使在你開悟、能夠撤除思維之前，你就可能一瞥真正的愛、喜悅和深層的內在平安，發現它們是如此寂靜卻又生氣蓬勃。那是你真實本我的三個面向，卻常被你的心智遮蔽。就像戀愛時，戀人偶爾能感受到那真實、不朽的時刻，雖然那總是稍縱即逝，人很快就因思維的介入而被遮蔽。此時，你也許會覺得自己失去了曾經擁有的珍貴之物，或是被心智說服，以為一切不過只是錯覺。事實上，那並非錯覺，那是你本然的一部分，你永遠也不會失去它們，心智可以暫時遮蔽卻無法摧毀它們；就好比即使烏雲密布，太陽也不會因此消失，只是退到烏雲的後面罷了。

佛陀說過，人類的痛苦源自於欲望，若想擺脫痛苦得先斬斷欲望的枷鎖。

　　所有的欲望都是心智期待在外境或未來尋得救贖（salvation）或解脫，用以替代本體的喜悅。只要人與心智認同，就等於認同了自己即是欲望、需求、貪戀、執著、厭惡感本身，此時「我」已不復存在，變成了一種可能性、一個未能實現的潛質，或者說一顆尚未萌芽的種子。在這狀態下，即使內心欲求解脫或開悟，也不過是另一種形式的欲望，希望自己在未來可以獲得圓滿成就。因此，別再渴望去斬斷欲望或達到開悟，你只要臨於當下即可。在當下此刻處於臨在，好好作一個心智的觀察者，與其引用佛陀的話，不如成為佛陀、成為「覺者」，這才是佛陀一字的本義。

　　人類受痛苦箝制已久，自從離開恩典狀態、落入時間與心智之境後，就失去了對本體的意識，從此飽受痛苦糾纏。從那時起，人視自己為宇宙間無意義的碎片，與源頭失去連結，也失去了彼此之間的聯繫。

　　只要你繼續認同於心智，繼續處於無意識的昏睡狀態，痛苦就不可避免。我這裡說的「痛苦」，主要是指精神上的痛苦，但也包括肉體上的痛苦，精神上的痛苦乃是身體疾病的主要成因。怨尤、仇恨、自憐、內疚、憤怒、沮喪、嫉妒、乃至不

悅，這些全是痛苦的展現。而所有快樂和高漲的情緒本身，都蘊含了痛苦的種子；痛苦是歡樂的背面，它遲早會反過來操控全場。

任何嗑藥達到飄飄欲仙的人都知道，等歡樂的感覺一褪去，痛苦就隨之而來。情緒的亢奮與低落相生相成，愛情也是如此，濃情蜜意可能在一瞬間轉變為彼此傷害。快樂與痛苦看似南轅北轍，但站在更高的觀點看來，它們只是一體的兩面，都是潛藏在意識之中，與小我心智密不可分痛苦的那一部分。

你的痛苦可以分為兩個層次：一種是在當下製造的；另一種則是發生在過去，卻持續糾纏著你的身心。別在當下繼續製造痛苦，並要致力去化解過去造成的痛苦，這就是我接下來要談的內容。

第二章

意識：擺脫痛苦的方法

別在當下繼續製造痛苦

沒有人會完全沒有痛苦和憂愁，所以與其逃避痛苦，不如
學習如何與它共處？

人大多數的痛苦是不必要的，是自己創造出來的，那是人
任由自己被心智擺佈的結果。

當下製造的痛苦通常來自對現狀的抗拒，也就是無意識地
抗拒「本然」（what is）所引起的。從思維的層次看來，這種抗
拒多以批判展現；從情緒的層次看來，則以負面情緒展現。你
有多痛苦，端視你對當下此刻的抗拒有多強烈，而這又取決於
你多麼與心智認同。心智總會想方設法否定當下。換言之，你

愈是與心智認同，你就會愈痛苦；你愈能夠熱愛、接受當下，就愈能擺脫痛苦，從小我心智的束縛中解脫。

為什麼心智習慣性地否定和抗拒當下？因為沒有了時間（即過去和未來），心智便無法運作，就會失去對你的掌控，所以它把當下視為威脅。基本上，時間與心智是彼此依存的。

如果地球上沒有人類，只有植物與動物，那會是什麼樣的光景？還會有過去和未來存在嗎？時間對這樣的世界還有任何意義嗎？「現在幾點？」「今天是幾月幾號？」這類問題將不再重要。如果你向橡樹或老鷹詢問時間，牠們一定會非常困惑。「什麼現在幾點？」牠們會這樣回問：「現在就是當下，時間就是當下，不然還會是什麼？」

沒錯，人類需要心智和時間才能在這世上生活，然而目前這兩者都被過度強調了，使得失序、痛苦和憂愁長驅直入。

為了繼續掌控你，心智會不斷以過去和未來遮蔽當下；和當下密不可分的本體的生命力、無限創造潛能，也都被時間遮蔽住了，而你的真實本我也遭到心智扭曲。人類的心智背負了長久以來累積的時間重擔，所有個體都被這重擔壓得喘不過氣來，卻仍覺得不夠，無時無刻繼續漠視或否定珍貴的當下，或將之視為進入未來時刻的跳板，以致讓自己負擔更重。人類在集體和個人心智上，不僅背負著大量的時間重擔，也承載了大量過去殘存的痛苦。

　　如果你不想再為自己與他人製造痛苦，不想再為既有的痛苦增添更多痛苦，那就請你停止製造時間，至少別再製造多於生活實際所需的時間負擔。如何才能停止製造時間？即是深刻認知：當下才是你唯一擁有的一切，要將人生聚焦於當下，只有在處理必需的現實問題上，才很快地到過去和未來稍做逗留。永遠對當下此刻說「是」。還有什麼比抗拒已然存在之物，更徒勞、更不智呢？人生就是當下，也只有當下。還有什麼比抗拒生命本身，更神智不清呢？向本然臣服（surrender）吧，向人生臣服吧。如此，你將會赫然發現，生命開始為你工作，不再與你作對了。

有時候，當下此刻真的讓人很難接受、很不愉快，甚至覺得很可怕。

　　當下就是如其所是。你可以觀察的是：心智如何給當下貼標籤，並在這過程中如何製造出痛苦與不快樂。透過觀察心智的機制運作，你才可以擺脫它的抗拒模式，允許當下此刻如實呈現。這將使你體會到不受外在箝制的自由，品嘗到何謂真正

的內在平安。接著，靜觀有什麼事情發生，然後採取必要或可
能的行動。

接受當下，採取行動。不管當下是什麼，都心甘樂意地接
受，就當作它是你自己選擇的一樣。與它合作，不要抗拒。把
它當成你的朋友和盟友，而不是敵人。如此一來，你的整個人
生將發生奇妙的轉化。

過去的痛苦：瓦解痛苦之身

若是無法取用當下的力量，你所經歷的每個痛苦情緒都將
殘留下來，潛藏於你內、與你共存。它會與過往殘留的其他痛
苦結合，累積在心智與身體上。當然，其中包括了你兒時經歷
的傷痛，那是由你誕生之處的集體無意識所造成的。

這些日積月累的痛苦，將佔據你的身體與心智，形成一個
負面的能量場──所謂的「痛苦之身」（pain-body）。如果你把
它想像成一個存在你體內的實體，那就很接近事實了。痛苦之
身有兩種存在狀態：休眠狀態或活躍狀態。它可以九成的時間
都處於休眠，但對有些人來說（例如極不快樂的人），卻是百

分之百處於活躍。有些人只在某些情境下才會感受它的存在，例如，面對親密關係時，或一些勾起不堪回憶與創傷的情境。任何情境都可能將痛苦之身從休眠中喚醒，進入活躍狀態。當痛苦之身準備好醒過來，即使你的一個念頭、別人一句無心的話，都可能促發它從休眠狀態中被喚醒。

有的痛苦之身讓人感到不悅，就像哭鬧不停的孩子，所幸危害不大；有的則十分惡毒、深具破壞性，猶如妖魔鬼怪；有的具有肢體暴力傾向，更多則深具情緒暴力傾向；有的會攻擊身邊的人，甚至會攻擊宿主——也就是你自己。此時，你對人生的看法和感受，將變得十分消極且具自我毀滅性，病痛和意外通常都是由此產生的。甚至，有的痛苦之身還會指使宿主去自殺。

原本熟識的人，一旦存於他內的痛苦之身被喚醒，你會覺得他突然變得陌生而可怕，好像不再是認識的他了，這會讓你感到莫名震驚。不過更重要的是，觀察自己體內的痛苦之身。隨時留意內在任何不快樂的跡象，那可能顯示痛苦之身正在甦醒。易怒、沒耐性、憂鬱、想傷害別人等等徵兆，不管以何種形式展現，切記要在它從休眠狀態甦醒的那一刻就逮住它。

如同任何一種生命體，痛苦之身也會掙扎求存。唯有你無意識地認同於它，它才能存活。它將壯大起來，再佔領你、變成你、靠你活下去。它需要你的「餵食」，任何與它本身頻率

共振的經驗，任何製造更多痛苦的情緒，都是痛苦之身的食物，例如：憤怒、破壞性、憎恨、哀傷、情緒戲碼、暴力、甚至疾病，都深受其愛。痛苦只能以痛苦滋養，無法以喜悅為食物，它消化不了喜悅。

　　一旦被痛苦之身操控，人就會渴望更多痛苦。你將成為一個受害者或加害者，想把痛苦加諸於別人或自己身上。這兩者之間其實沒多大差別，當然，你不會意識到這些，甚至還會聲嘶力竭地說自己受夠了苦。然而只要仔細觀察，你將發現，自己的思想和行為不斷地讓痛苦延續。一旦你真正意識到這一點，這個惡性循環馬上就會消解，因為沒有任何神智正常的人希望為自己製造更多的苦。

　　痛苦之身是虛假自我投射出的陰影，最害怕的就是你意識之光的照射。它害怕被你發現。它的存活有賴於你的無意識與認同，以及你對於面對內在痛苦的恐懼。但是，如果你不去面對，不用意識之光照射它，它將會一次又一次地被喚醒。你或許以為，痛苦之身是頭危險怪獸而自己無力應付，但我敢向你保證，它只是虛妄的幻影罷了，絲毫抵擋不了你臨在的力量。

　　許多靈性教導都聲稱，一切痛苦歸根究柢都只是幻相。此言不虛，問題是你真的可以感同身受這句話嗎？單靠信念不足以使你了悟真理。你希望終其一生嚷嚷著痛苦為假，卻始終擺脫不了它嗎？我們關心的是如何讓你了悟真理，也就是說，讓

它成為你生命中的真實。

　　痛苦之身不希望你直接觀察它，認清它的真面目。就在你觀察、感覺並關注自己體內能量場的那一刻，你對它的認同會開始瓦解，一個更高向度的意識將會現前，我稱之為「臨在」。這時，你將成為痛苦之身的見證人或觀察者。這意味著，它無法再透過假裝是你來操控你，也無法再從你得到滋養。你發現到自己內在的強大力量，你已經取用了當下的力量。

當我們有足夠的覺知，可以破除對痛苦之身的認同時，會變成什麼樣子呢？

　　無意識創造了痛苦之身，但意識可以讓它打回原形。聖保羅（St. Paul）曾美妙地描述過這一宇宙法則：「凡暴露在光中的必顯現出來，凡在光中顯露之物必變成光。」就像揮打不到黑暗一樣，你也無法擊退痛苦之身。試圖對抗，只會引發更大的內心衝突與痛苦，而僅僅是去觀看它就足夠了，觀看意味著你已接受它作為當下的一部分。

　　痛苦之身從你受困的生命能量形成，這些能量從你的整體能量場分離出來，透過認同心智的不自然過程變得獨立自主。它開始自行其是，轉而對抗生命，就像一頭設法吃掉自己尾巴的動物。你覺得我們的文明，為什麼會變得那麼具毀滅性呢？

即便如此，這毀滅性的力量仍是一股生命能量。

當你開始不再認同它，開始變成一個觀察者時，痛苦之身仍會繼續運作一陣子，並試圖誘引你再次與它認同。雖然你不再透過認同灌注它任何能量，但你的痛苦之身仍氣數未盡，這就像旋轉中的陀螺，即使不再去動，它仍會原地打轉一陣子。在這個階段中，你身體的某些部位可能會出現一些疼痛或不適，但這情形不會持續太久。你不用去理會它們，只要保持臨在、繼續觀察，守護好自己的內在空間即可。你需要充足的臨在，直到你可以直視痛苦之身、感受它的能量，這樣它就再也無法操控你的思維了。相反的，一旦你的思維再次和痛苦之身的能量場趨於一致，你就落回對它的認同，繼續以思考餵養它了。

舉例來說，如果憤怒是你痛苦之身的主要振動頻率：你的腦袋總是充滿憤怒的念頭，總是著眼於別人對你做了什麼，或你將要如何去報復她或他；那樣的你已經變得無意識，使得痛苦之身取代了「你」。憤怒升起之處，往往有痛苦在底下蠢蠢欲動。再者，當你感到心情沮喪，開始進入負面心智模式，覺得自己的人生糟透了時，你的思維再次和痛苦之身趨於一致，這時你會變得脆弱，而容易遭受痛苦之身的攻擊。我所謂的「無意識」，是指認同於某一種心理或情緒模式，這意味著「觀察者」完全缺席。

　　穩定持續的專注觀照，可以切斷痛苦之身與思維之間的連結，為你的轉化進程締造質變（transmutation）。這就好比把痛苦當作燃料，讓意識之火燒得更旺。這即是古代煉金術的奧義——轉金屬為黃金，化痛苦為意識。如此，你內在的分裂將再度合而為一，而你的責任只是不再繼續製造痛苦。

　　讓我總結以上所說：將注意力聚焦在你內心的感受，認出那就是痛苦之身，並接受它的存在。不要去思考，不要讓那些感受轉成思維，不要去評斷或分析，不要透過它建構自我認同。保持臨在，持續觀照你內在發生了什麼。不要只專注在痛苦的情緒，更要留意到「靜默觀察者」的存在。這就是當下的力量，你自己有意識的臨在的力量。接著，靜待事情發生。

　　對許多女性來說，生理期前是痛苦之身最容易被喚醒的時刻，原因我稍後再詳細說明。現在我要說的是，你若能夠保持警醒與臨在，隨時觀照內心的感受而不受其掌控，你就是在實修力量最強大的靈性練習了。你可以經歷到迅速的轉化，將過去累積的痛苦一掃而空。

小 我 對 痛 苦 之 身 的 認 同

我剛才描述的方法既簡單又有用，孩子也一樣學得來。希望有朝一日，那能成為孩子們在學校學到的第一件事。一旦明白了這個基本方法（我所謂的明白是指透過「體驗」去明白），你將擁有一件最有用的轉化工具。

我並不是說，在你試圖擺脫痛苦的過程中，並不會遭遇激烈的內在抗拒。特別是對於大半輩子強烈認同於痛苦之身的人，以及把全部或大部分的自我意識都投注於痛苦之身的人來說，這種情況相當常見。這表示，當人們從痛苦之身創造出一個不快樂的自我，又把這個虛假自我當成自己時，他會因為害怕失去「自我」，而強烈地抗拒對痛苦之身的不認同。換句話說，他寧願活在痛苦之中、讓痛苦之身佔據自己，也不願冒險跳入未知，不願失去那個不快樂卻熟悉的自我。

如果你是這樣的人，請你觀察自己的內在抗拒，保持警覺地觀察你對痛苦的執著，觀察你從活在不快樂當中所獲致的奇特快感，觀察你有思考和談論它的衝動。一旦你能夠意識到抗拒的存在，它就會慢慢消散。接著，你可以把注意力轉移到痛苦之身上，當一個臨在的見證人，由此開始轉化的歷程。

這件事唯有你才辦得到，誰也無法代替你。如果你夠幸運，遇到一些強烈臨於當下的人，和他們一起共修將會加速轉

化的發生。這就好比把一根剛點燃的木材，挪到另一根已燒了很久的木材旁，它就會跟著燒旺起來，即使之後再移去別處，它仍會比一開始時熾烈。畢竟，火可以助燃。靈性老師就是扮演這助燃的火，有些心理治療師也是，他們都已超越了心智的層次，可以在助人的過程中，創造和維持一種有意識的強烈臨在狀態。

恐懼的源頭

你說過，恐懼是一種我們最原始的痛苦情緒。恐懼是如何產生的？為什麼有那麼多人生活在恐懼之中？另外，適度的恐懼可以讓人保護自己不受到傷害，不是嗎？要是我不恐懼火，說不定就會把手伸進火裡，因而燒傷。

你不會把手伸進火裡，不是因為你恐懼火，而是你知道這樣做會讓你燒傷。你需要的，不是恐懼來幫助你避開不必要的危險，而是一點點夠用的智慧和常識。對於這樣的現實問題，學來的知識是管用的，然而，如果現在有人用火或暴力威脅你，你就會體驗到類似恐懼的感受。這是人面對危險時的本能反應，但這種恐懼跟我們在談論的恐懼心態不同。恐懼的心理狀態與任何具體、迫在眉睫的危險都無關，它有許多展現方

式：不自在、擔憂、焦慮、緊張、神經緊繃、恐慌症等等。這
類恐懼也許跟未來可能發生的事有關，卻和正在發生的事毫無
關係。你身在此時此刻，心思卻跑到了未來，這樣的落差創造
出一個焦慮的缺口。只要你與心智認同，失去跟當下力量的單
純連結，這個焦慮的缺口就會與你長相左右。當下此刻是你可
以應對的，未來卻是你無法應對的，因為那只是你心智的投射
物，尚未真的發生。

　　再者，正如我之前所說，只要你與心智認同一天，生活就
受小我擺佈一天。儘管小我有著精密的自我防衛機制，但它充
其量只是一個脆弱又缺乏安全感的幻影，總是認為自己飽受威
脅（即使有的小我外表上看來自信十足）。還記得嗎？我在前
面說過，情緒是身體對心智的反應，身體從小我不停接收到的
信息是什麼？就是危險，是「我」正受到威脅。而這持續不斷
的信息，將引來何種情緒？當然就是恐懼了。

　　恐懼看似五花八門──害怕失去、害怕失敗、害怕受傷，
這些都是恐懼。但究竟而言，所有恐懼的源頭，就是小我對
於死亡和毀滅的擔憂。對小我來說，死亡無所不在。當你與
心智認同，對死亡的恐懼就會影響你生活的各個面向。一些
看似「正常」的瑣碎小事，都是害怕死亡的結果，例如：在爭
辯中，我們總想證明「你錯我對」的這種強迫性需求。因為你
的自我是根植於心智的，若要承認自己錯了，即代表由心智構

成的自我受到了嚴重的生存威脅。所以，你的小我是不會認錯的，認錯對它如同判了死刑。許多戰爭因而發生，無數人際關係因而破裂。

　　一旦你不再與心智認同，認錯也就沒什麼大不了的。不論你是對的或是錯的，都跟你的自我感一點關係都沒有。「我對你錯」的強迫性無意識需求——那是一種暴力的形式，從此消失殆盡。撤除小我的你依然可以持有自己的主張，清楚堅定地表達自己的意見，只是不再帶有任何攻擊性或防衛心理了。你的自我感根植於你內在更深、更真實的地方，而不是來自你的心智。觀察你自己裡面的各種防衛心態，你在防衛什麼呢？一個虛幻的身分，一個由心智打造的形象，一個虛構的個體自我。持續不斷地去觀察它，有意識地去觀看它，你終將擺脫對它的認同。凡是你意識之光照耀之處，任何的無意識模式就會迅速瓦解。這是一切爭吵與權力遊戲的終結，它們再也無法腐蝕各種關係。用強權壓制他人，只是對自己脆弱的一種掩飾。真正的力量來自於內在，而當下你便可以取用它。

　　所以，任何與心智認同，與自己真實力量、深層自我失去連結的人，往往會感到恐懼如影隨形。然而，能夠超越心智的人少之又少，我們身邊的每個人幾乎都活在恐懼之中，只是程度不同罷了。人的恐懼介於光譜的兩極：一端是強烈的焦慮和恐慌，另一端則是隱約的不自在感和被威脅感。多數人只會在

事態嚴重時，才意識到恐懼的存在。

小我對圓滿的追尋

除了恐懼之外，小我另一個基本的痛苦情緒是，深深的匱乏感和不完整感。這種感受幾乎人人皆有，只是有些人自覺得到，有些人自覺不到。自覺到的人總會感到惶惶不安，覺得自己沒價值或不夠好；而自覺不到的人，則是會強烈地渴求著什麼，始終覺得自己欠缺了什麼。不論是哪一種情況，人經常會強迫性地去追尋滿足小我（ego-gratification），或與外在的事物認同，藉此填補內心的空洞。他們追求資產、錢財、成功、權力、認可、特殊關係（special relationship），以便自我感覺良好，讓自己感到更完整。不過，即使擁有了一切，他們旋即會發現內心的空洞仍在，那是一個填也填不滿的無底洞。此時，他們陷入真正的麻煩，因為他們無法繼續欺瞞自己。也許可以，但會愈來愈難。

只要你的人生受到小我控制，就得不到真正的安適自在。你不可能感受到平靜或滿足，頂多在追尋到你渴望之物的時刻，得到短暫的滿足感。由於「小我」是一種無中生有的自我感，它需要與外在事物認同，需要不斷的自我防衛和餵養。小我所依賴的外在認同，最常見的有：你的擁有物、你的工作、

社經地位、教育水準、外貌、特殊才能、關係、個人與家族史、你的信念，你的政治認同、國籍認同、種族認同、宗教認同，和其他的集體認同等等，但這些無一是真正的你。

　　你感到震驚嗎？還是覺得如釋重負？所有榮華富貴轉眼成空，這些東西和你的真實身分一點關係也沒有。你也許會覺得難以置信，但我原本就沒有要你相信什麼。在這些外在事物之中，你是無法找到自我認同的。你遲早會了知此一真理，至少在面臨死亡逼近時，你就會知道了，死亡將剝離所有不是你的東西。活著的祕密就在於「死前先死過」（die before you die），你將發現，原來根本沒有死亡這回事。

第三章

深入當下

別在心智中追尋自我

在意識完全開展或達到靈性開悟之前，我覺得要先了解心智是怎麼運作的。

　　不，沒有必要，因為心智的問題無法在心智的層次解決。一旦你能了解到心智根本上的功能失調，你就沒有什麼好再學習或了解的了。研究心智的錯綜複雜，也許可以使你成為優秀的心理學家，卻無法讓你超越心智之上，一如研究瘋癲並不足以讓人神智正常。你已經理解了無意識狀態的基本機制：你與心智認同，創造出了小我，然後以它替代根植於本體的真實自我。如耶穌所說，這樣的人等於是「離了葡萄樹的枝子」。

小我的需索是無止境的，它深感脆弱、飽受威脅，不斷生活在恐懼和想要之中。一旦你了解到它根本上的運作失調，就不需要去探討它那無數的顯化形式，也不必把它視為複雜的個人問題。當然，小我希望你那麼做，它總是四處尋找可以讓自己附著之物，以便支撐和強化其虛幻的自我感，而且早已準備好附著在你的問題上了。這就是為什麼有這麼多人，要把他們的自我感和自身問題相連結。若是如此，他們最不想要的就是從這些問題中解脫，因為那意味著自我感的消失。於是，他們無意識地迎來大量的痛苦和苦難。

所以，一旦認清了無意識狀態來自於與心智認同、與情緒認同，你便解脫了，你將變得能夠臨在。當你能處於臨在，就能允許心智如其所是，而不再與它糾纏不清。心智本身沒有問題，它是一個很棒的工具。唯有當你試圖在心智中追尋自我，並把它誤認為自己時，問題才會發生。它將因此變成「小我心智」（egoic mind），企圖掌控你的整個生命。

終結時間的幻相

擺脫對心智的認同，在我看來近乎不可能。我們全都沉浸在思考中，你要如何教一條魚飛行呢？

　　關鍵就在於：終結時間的幻相。時間與心智是分不開的，將時間從心智中移開，心智就會停止運作，除非你選擇使用它。

　　與心智認同，你將會受困在時間之中——幾乎強迫性地活在記憶與預期之中。這造成無止境的牽掛過去與未來，不願意接受和承認當下，不允許當下如其所是。這個強迫性的傾向，來自於你把自己的身分認同建立於過去，把救贖寄託於未來。然而，不論實現的形式為何，這兩者都是幻相。

如果沒有了時間感（a sense of time），該如何生活呢？我們將不再有奮鬥的目標，甚至不知道自己是誰。我的過去使我成為今天的樣子，我認為時間感非常珍貴。我們應該學習好好利用時間，不要浪費時間。

　　時間一點都不珍貴，它只是個幻相。你覺得珍貴的其實不是時間，而是時間之外的一個點——「當下」。那的確無比珍貴。你愈是著眼於時間（即過去和未來），就會愈忽略當下，忽略了最珍貴的東西。

　　為什麼當下如此珍貴？首先，因為它是唯一之物，是你所能擁有的全部。永恆的當下即是你生命得以展開的全部空間，是你生命中持續不變的因素。生命就是當下，你的生命沒有一

刻不在當下，過去如此，未來也如此。再者，當下之所以珍貴，因為它是可以帶你超越心智的局限，進入無時間性、無形無相的「本體」之境的唯一入口。

當下之外別無他物

難道過去和未來不是跟現在一樣真實，甚至更真實嗎？畢竟，過去決定了我們現在是誰，而未來的目標則決定我們現在該採取什麼行動。

你還沒領略到我所傳達的本質，你仍試著用心智去理解，但心智是無法理解這些的，只有你可以。所以，只要專心聆聽就好。

在你經歷過、做過、想過、感受過的事情中，有哪些是發生在當下之外？你認為以後將會有嗎？有任何事可能發生在當下之外嗎？顯然沒有，不是嗎？

沒有事是發生在過去的，事情只發生在「當下」。

沒有事是發生在未來的，事情只發生在「當下」。

　　你以為發生在過去的事，其實只是一種追憶（memory trace），它以「先前的當下」（former Now）的形式儲存於心智裡。當你記起過去的某些事，只不過是重新啟動了某個追憶，但你是在「當下」這麼做的。未來則是一種想像的當下，是心智的投射。當未來真正來到，它會發生在「當下」。過去與未來本身並非實存，就好比月亮本身不會發光，只能反射陽光。未來和過去只是永恆當下的蒼白倒影，它們的力量和真實性都是從「當下」借來的。

　　我要傳達的本質，是心智無法理解的。就在你領略到它的那一刻，你的意識將有所轉換（shift）──從心智轉換到本體，從時間轉換到臨在。突然間，你將感覺到萬物都是活生生的，散發著能量，展現著本體。

進入靈性向度的鑰匙

　　面對生死交關的危急關頭，人的意識往往會自然從時間的向度轉換到臨在。這時，過去與未來都將暫時隱退，取而代之的是強烈有意識的臨在。它是如此寂靜卻又十分警覺，對於應

該採取什麼行動，有著非常清楚的覺知。

　　雖然有些人對於喜好從事冒險活動（如登山、賽車等）並無自覺，但從事這些活動理由正在於此。這些活動可以逼迫他們進入當下，擺脫時間、擺脫思考、擺脫煩惱、擺脫個性的包袱。從事這類活動時，哪怕只有一秒鐘不專注於當下，都有可能因而喪命。可惜的是，一旦活動停止，專注的狀態就不復存在。其實，你不用攀登險峰就能獲致同樣的體驗，這一刻你就可以進入當下。

　　自古以來，各種教派的靈性導師都曾指出：當下乃是打開靈性向度（spiritual dimension）的鑰匙。儘管如此，那仍是一個秘密，因為教堂或寺廟不會告訴你其中的真諦。上教堂時，你會聽到《福音書》（the Gospels）裡有下面這些教誨：「所以，不要為明天憂慮，因為明天自有明天的憂慮。」[2] 或「手扶著犁向後看的，不配進神的國。」[3] 《聖經》也說過，漂亮的花朵不會為明天焦慮，而會輕鬆自在地活在當下，享受神供應的富

2　編註：摘自《新約》〈馬太福音〉第六章第三十四節。
3　編註：摘自《新約》〈路加福音〉第九章第六十二節。

足。這類話語我們耳熟能詳，卻不了解其中的深意和真諦。似乎沒人明白，人之所以活在世上，就是為了歷經一場深沉的內在轉化。

　　禪宗的整個精義就是走在「當下」的刀鋒邊緣，全然臨於當下，以致沒有任何痛苦、問題、或與你的本質不相干之物，可以存留於你體內。在當下此刻，在無時間的向度裡，所有的問題都會瓦解。痛苦需要靠時間來維繫，無法在當下存活。

　　偉大的臨濟禪師為了避免弟子分心到時間上，經常豎起一根指頭慢條斯理地問：「能盡今時，更有何事？」這是個強而有力的問題，但臨濟禪師並非要弟子用心智回答這個問題，只是想把他們的注意力拉回當下。另一相似的禪宗話頭是：「不是此時，那是何時？」

　　「當下」同樣也是伊斯蘭神祕主義蘇菲派（Sufis）的思想核

心。他們有句名言:「蘇菲是當下之子。」蘇菲派導師及大詩人魯米（Rumi）亦宣稱:「過去與未來是遮蔽神的面紗,該用火燒掉它們。」

　　十三世紀靈性導師艾克哈特（Meister Eckhart）曾如是說:「時間遮蔽了光,那是我們接近神最大的阻礙。」

取 用 當 下 的 力 量

稍早之前,在你談到「永恆的當下」,以及過去、未來並非實存時,我發現自己正望向窗外的樹。我已經看過那棵樹非常多次了,但這次卻有不同的印象。樹的外觀沒有太大不同,只是看來更光鮮亮麗。我感覺到一個新的觀看向度,這真是難以形容。我隱約看到了某個無形的東西,不妨說那就是樹的本質、它的內在靈性,而我還感覺到自己也是那本質的一部分。我了解到自己從未真正看過這棵樹,從前所見只是它平板呆滯的表象。現在我再往樹望去,方才的印象還在,卻快速消散。你看,那經驗正沒入了過去,像這樣的經驗都是轉瞬即逝的嗎?

　　你在一瞬間擺脫了「時間」，進入了當下，所以能不透過心智這片濾網去看那棵樹。對本體的覺知已成為你認知的一部分。這種伴隨無時間向度（timeless dimension）而來的了知，是相當不同的。這份了知不會「扼殺」存於萬事萬物中的靈性，不會摧毀生命本有的神聖和神祕，而是對其深懷愛意和敬意。這樣的了知，心智對它一無所知。

　　心智無法知道樹的本質，只能知道關於樹的知識和資訊。我的心智也無法知道你的本質，只能知道一些與你有關的事實、意見、標籤和判斷，唯有本體才能了知一切。心智和知識並非全無用處，在處理一些日常生活事務時，它們便派得上用場。然而，一旦心智掌控你人生所有的面向（包括你跟他人、還有與大自然的關係），它將無可抑制地變身為可怕的寄生蟲，最後可能殺死地球上所有生靈乃至宿主本身。

　　你已經短暫瞥見無時間向度如何轉化了你的認知，但無論那經歷多麼美好、深刻，只有一次是不夠的，你真正需要和我所關心的是「意識的永久轉化」。

　　所以，你要努力打破慣性的思維模式，不再否定當下、抗拒當下。你要盡可能在日常生活中，將注意力從過去和未來拉回當下，從時間的向度中抽離。如果發覺自己很難直接進入當下，那就從觀察心智「想從當下逃離」的傾向開始，你會發現，自己總是把未來想得比現在更好或更壞。如果你把未來想

得比現在更好，就會充滿希望並快樂地期待；如果你把未來想得比現在更壞，就會感到焦慮，然而這兩者都虛幻不實。透過自我覺察，更多的臨在會自然而然進入你生活之中。意識到自己沒有臨於當下的那一刻，你就已經臨在了。當你能夠觀察你的心智，你將不再受其所困，這時「默觀的臨在」（the witnessing presence）將會現前，那是有別於心智的存在。

　　保持臨在，隨時觀照自己心智的動靜，觀察自己的思維、情緒，以及面對各種狀況的反應，留意自己因某些狀況或某些人而做出的反應，也留意自己將注意力放在過去或未來的頻率有多高。別做任何的評斷或分析，只要去觀察你的思維、感受你的情緒、留意你的反應就可以了。不要把它們當成是你個人的問題。如此，你將會感受到有某個比你觀察之物更強大的存在──在你的心智背後，那正觀察著臨在本身的靜默觀察者。

　　遇到引發強烈情緒張力的情境時，你需要保持強烈而有意識地臨在，例如：自我形象遭受威脅，人生遭遇重大挑戰而觸動了恐懼感，事情「出差錯」，或過往的複雜情結再度被勾起的時候。面對這些情況，你很容易會落回「無意識」狀態。

固定的情緒反應模式將佔據你，讓你「變成」它。你會不斷辯解、攻擊、防衛……，但這些反應模式並不是你，只是心智求生存的慣性模式。

與心智認同將為它注入更多的能量，相反的，觀察心智才能收回它的能量。與心智認同將製造出更多的「時間」，而觀察心智反倒可以打開無時間性的向度。從心智收回的能量將會轉移到臨在上，一旦你可以感受到何謂臨於當下，就能輕易在用不著時間的時候從時間中抽離，深深地進入當下。這並不會妨礙你使用時間的能力（處理日常事務時，我們仍用得著「時間」），也不會減損你使用心智的能力。事實上，它反而會提升心智的能力，在需要使用心智時，你將發現它變得更銳利、更專注了。

放 下 心 理 時 間

你可以在日常生活上學會如何使用時間——我稱之為「時鐘時間」（clock time）。然而，一旦事情處理完畢，便應該馬上回到當下。這樣，才不會創造出「心理時間」（psychological time）。所謂「心理時間」是指認同於過去，並持續強迫將這樣的認同投射到未來。

並不是只有在安排約會或旅行時，你才用得著「時鐘時

間」。從過去所犯的錯誤中記取教訓，避免重蹈覆轍，也算是在使用「時鐘時間」。另外，制定未來的目標、朝目標努力，或是以從過去經驗歸納出的物理或數學法則去預測未來，同樣也是在使用「時鐘時間」。

不過，即使日常生活少不了過去與未來這兩個參照點，當下此刻仍有其重要地位。像是過去的教訓之所以值得記取，正因它與現在的情境有關；或是為實現目標所採取的行動，必然是在當下進行。

開悟的人總是專注於當下，卻又能同時對時間有所覺知。換言之，他們繼續利用「時鐘時間」卻不受制於「心理時間」。

你在練習這樣做時，一定要時刻保持警醒，才不會無意識地讓「時鐘時間」轉變為「心理時間」。假如你只是想從過去取用教訓，不讓自己重蹈覆轍，那就是單純地使用「時鐘時間」。但是，假如你無法忘懷這個錯誤，為此內疚、自怨自艾，認為都是自己或別人的錯，將錯誤當作自我感的一部分，這時它就轉變成「心理時間」了。「心理時間」總是與錯誤的認同有所關聯，大多數不肯原諒自己或別人的人，都背負了沉重的「心理時間」。

如果你訂定了目標並努力邁進，就是在使用「時鐘時間」。你知道目標在哪裡，但仍然全神貫注於這一刻，眼前你將踏出的這一步。不過，一旦你開始太著眼於目標，也許是追尋快

樂、成就感、或從中獲得更完整的自我感,當下就不再是你關注的焦點,而變成了你通向未來的一塊跳板而已,不再具任何內在價值。此時,「時鐘時間」將轉變為「心理時間」,你的人生旅程不再悠哉游哉,而是不斷趕路,一心只想快點抵達目的地。你無法停下來欣賞路邊的花香鳥語,也感受不到生命的美妙與神奇。

$$\int$$

我能夠理解當下的重要性,但對於你所說的「時間純粹只是幻相」,我仍無法完全苟同。

　　當我說「時間是幻相」時,並非在提出一個哲學主張,只是想提醒你一個簡單的事實而已。這事實如此簡單,簡單到讓人覺得難以理解,甚至完全不知所云。不過,等你充分領略之後,它就會像是一把利劍,斬斷心智製造出來的層層遮蔽和「問題」。讓我再說一遍,當下這一刻是你自始至終唯一擁有之物,你生命中沒有一個時刻不是「這一刻」,這難道不是事實嗎?

神智失常的心理時間

　　你只要去看看人類集體展現出的心理時間，就無從否認它是一種心理疾患。共產主義、納粹主義、民族主義，以及各種僵化的宗教信仰全是其展現，它們都奠基於一個前提：「最高的善」（the highest good）只得以在未來實現。正因為這是一個崇高的目標，採取任何手段皆為合理。然而，這目標只是一個念頭，是心智投射於未來的一個點——被認為可以實現幸福、自由或平等的特殊時刻。到處可見的是，為了達成某個「未來」的目標，卻在「這一刻」奴役、虐待和謀殺當成了正當的手段。

　　為了創造一個「更好的世界」，俄國、中國和其他共產國家大約殺了五千萬條人命。[4]這真讓人毛骨悚然，我們看到人們信仰「未來的天堂」，卻製造了「今日的地獄」。我們還需要懷疑，「心理時間」不是一種嚴重而危險的心理疾病嗎？

　　這種心智模式，如何在你的日常生活中運作呢？試問：你總是不滿意現狀，總以為明天會更好嗎？你所做的事，是否大多只為了達成個人的目標？你所謂的滿足，只是追求短暫的歡

4　摘自布里辛斯基（Zbigniew K. Brzezinski）的《大失敗》（*The Grand Failure*）New York: Charlers Scribner' s Sons, 1989, pp.239-40.

愉，例如性愛、美食、飲酒、嗑藥、感官刺激嗎？你是否總在追求改變、成就、獲得，或是追求一些新的刺激或快樂？你相信擁有的愈多，愈能讓你的人生更充實、更完美嗎？你是否正在等待一個男人或女人，為你帶來有意義的人生？

　　在一般認同於心智、尚未開悟的意識狀態下，當下所潛藏的力量和無限創造潛能，將會被心理時間完全遮蔽。你的生活將因此失去活力、新鮮感和驚奇。同樣的思維模式、情緒模式、行為模式，將依照心智預先寫好的劇本，不斷輪番上演。這個劇本賦予你一個虛假的身分，扭曲或遮蓋了當下的真實。接著，心智更創造了這樣的想法：之於不盡如意的現狀，未來是最好的出口。

時間是負面性與痛苦的根源

可是，相信未來會更好也不總是幻覺吧。有時候現下發生的事情真的很可怕，未來也真的可能變得更好，而且往往都是如此。

　　多數時候，未來只不過是過去的翻版。雖然表面上會看到改變，但真正的轉化卻極少發生，一切端視你能否充分臨在，靠著取用當下的力量化解過去。你的未來會如何，是由當下的

意識狀態決定的。如果你的心智背負了過去的沉重包袱，那你體驗到的未來也將會如此。缺少了臨在，過去將永恆長存。你這一刻的意識品質乃是形塑未來的決定因素，至於未來，當然只有在當下才能經歷。

　　即使你中了千萬美元的樂透彩券，那能帶來的改變仍是表面的。你或許從此錦衣玉食，但你的基本行為模式卻不會因而改變。現在人類已經懂得如何分裂原子、製造原子彈，以前一個人用木棍頂多殺死十幾二十個人，如今，按下按鈕就可以殺死百萬人。這算是真正的進步嗎？

　　如果未來取決於這一刻你的意識品質，那麼，決定你此刻意識品質的又是什麼？就是你臨在的程度。所以，能夠帶來真正進步和化解過去的唯一空間就是「當下」。

　　所有的負面性（negativity），都來自大量的心理時間和否定當下。不安、焦慮、緊張、壓力、擔心，這些全是恐懼的不同形式，它們之所以出現，是因為我們過度關注未來，沒有好好活在當下。內疚、後悔、怨尤、哀傷、難過、痛苦，都只是不同形式的「不寬恕」（nonforgiveness），這些情緒的出現是因

為我們過度關注過去，沒有好好活在當下。大多數人可能很難相信，完全從負面性中解脫的意識狀態是可行的，然而這種解脫，卻是各種教派靈性教誨之所指。你可以聲稱這種狀態就是「救贖」，不同的是，它並非發生在虛無飄渺的未來，而是就發生在此時此地。

　　你也許很難認出，時間是所有痛苦和問題的根源，因為你深信問題都是生活中某些情境引起的。從世俗觀點來看，這個看法並沒有錯。不過，等你知道了心智基本上的功能失調——依附於過去和未來，否定當下後，你就會明白問題是層出不窮的。就算今天你苦惱的問題突然奇蹟似地消失，但只要你沒有更全然臨在、更有意識，不用多久，你將發現自己又被類似的問題困擾，無論去到哪裡，它們都會如影隨形。究竟來說，人的問題只有一個——受到時間箝制的心智本身。

我無法相信，自己有朝一日可以擺脫一切問題。

　　沒錯，那不可能是在「有朝一日」做到的，因為此刻你就在那一點上。

　　在時間的向度裡是找不到救贖的，你不可能在未來獲得解脫。臨在是重獲自由的關鍵，你只能在當下獲得解脫。

追尋藏在人生處境底下的生命

我不明白，我怎麼可能在當下獲得解脫。老實說，我目前人生過得很不快樂。這是個事實。如果我說服自己一切都好，實際上卻一點也不，那不是自欺欺人嗎？對我來說，這一刻就是很不快樂，沒有任何自由的感覺，支持我繼續活下去的動力是寄望於未來的改變。

你自以為專注在此時此刻，實則完全受制於時間。你不可能一邊不快樂，一邊又全然臨於當下。

嚴格來說，你所謂的「人生」只是指「人生處境」（life situation），那是由心理時間構成，也就是過去和未來所構成的。你現在不快樂，是因為過去發生了一些不如意的事情，它們構成了你今日的人生處境。你依然抗拒著這些往事，抗拒著本然。希望帶給你活下去的動力，但也讓你更聚焦於未來，而持續關注未來會讓你否定當下，讓你感到不快樂。

沒錯，我當前的人生處境確實是過去發生的事所導致。儘管如此，它仍然是我當前的處境啊！我被困在其中，感到非常不快樂。

你應該試著暫時忘卻你的人生處境，專注在你的生命上。

這兩者有何不同呢？

你的人生處境存在時間之中。

你的生命卻存在於當下。

你的人生處境是心智虛構之物。

你的生命卻真實不虛。

找到那扇「通向生命的窄門」，它名叫當下。將你的注意力聚焦在這一刻，你的人生處境也許充滿了問題（大多數人都是如此），但重點在於，去找出此刻的你有什麼問題。不是明天或十分鐘之後的你有什麼問題，而只是此時此刻。你在當下有任何問題嗎？

如果你滿腦子都是問題，那就沒有空間容納新的事物，容納可以解決問題的辦法。所以，只要情況許可，任何時候都盡量留下或創造一些空間，以尋得人生處境底下的生命。

充分運用你的感官，安住於你所在之處，環顧四周，但只是觀看，不要加以詮釋。看看光線、形狀、顏色、質地，覺知到各種事物的寂靜臨在，覺知到供各種事物存在的空間本身。聆聽每一種聲音，但不要加以評斷，聆聽各種聲音底下的寂靜；觸摸一些東西，什麼都可以，去感受並承認它的存在狀

態。觀照呼吸的韻律，感受氣息的進出，感受身體裡面的能量，讓一切如其所是，無論內外。容許所有事物以其本然樣貌呈現，深深地進入當下。

　　這麼做，將使你走出那由心智虛構出來的死沉世界，走出時間的囚牢，讓你擺脫那錯亂的心智──它不只在吸乾你的生命能量，也在慢慢毒害和摧毀地球。如此，你將可以從時間的幻夢中醒來，進入當下。

∫

所有問題都是心智虛構的幻相

照著你的方法做，我感覺好像卸下了沉重的包袱，有一種輕盈的感受。我感到意識清明，可是我的問題依然沒有解決啊！這只是在暫時逃避問題嗎？

　　就算你身處天堂，過不了多久，你的心智仍會說：「是啊，但是……」你最終需要的，並非解決問題，而是了解到根本沒有問題，只有情境。對於情境，你可以決定是要現在處理，或是不去處理，把它當成「本然」（isness）的一部分來接

納，進而靜待其變；或是暫時放在一旁，等到更能面對時再去
處理。問題都是心智虛構出來的，需要以「時間」維生，無法
在當下存活。

把你的注意力放在當下，告訴我，這一刻你有什麼問題
嗎？

我沒聽見任何回答，因為當你全然專注於當下，就不可能
有任何問題。對於任何情境，你不是選擇處理它，就是接納
它。為什麼要讓它變成問題？為什麼要把所有事情都當成問題
呢？生命的挑戰已經夠多了，何必再自尋煩惱？心智喜歡製造
問題，因為問題可以給予你身分認同。這是正常的，但也是瘋
狂的。「問題」意味著你遇到了某個情境，卻沒有下定決心要
面對它，或目前暫時無法處理，於是無意識地用它來界定自
己。你被人生處境嚇壞了，以致失去了對生命、對本體的覺
知。你寧可滿腦子想著千百種未來可以或應該採取的行動，也
不願意把注意力放在當下就可以做的事上。

你造出一個問題，就是造出一份痛苦。想改變這種情況，
你只需要簡單地下定決心：今後無論發生什麼事，我都不要為

自己製造更多痛苦，我不想再造出更多問題了。雖然這是個簡單的決定，卻也是個根本性的決定。除非你受盡痛苦的折磨，否則是無法痛定思痛、痛下決心的；除非你取用當下的力量，否則不可能穿越痛苦。假如你不再為自己創造痛苦，自然也不會帶給別人痛苦，不會汙染美麗的地球、你的內在空間及人類的集體心智。

　　面對生死交關的危急處境，你不會把它當成問題，因為你的心智沒時間製造問題的幻相。在真正危急的時刻，你的心智會停止思考，你將會全然臨在；那時，一種比心智更強大的力量將接管一切。這也是我們常聽說，某個平凡無奇的人突然變得不可思議地勇敢的原因。生死交關之際，不是生，就是死，無論哪一個都不成問題。

　　有些人聽到我說問題只是幻相，恐怕會生氣，這是因為他們的自我感備受威脅。他們對那個虛假的自我，投注太多時間、心血，多年來無意識地用問題和痛苦來界定自己。一旦失去了這些，他們還剩下什麼呢？

　　人們所說、所思、所做的事，絕大部分是受到恐懼驅使，

這當然是因為他們總把心思放在未來，與當下失去了連結。其實，就像當下不存在問題一樣，當下也不存在恐懼。

如果遇到一個非得馬上處理的問題，你的行動必然明快而果決，而且成效通常不錯。因此，這行動並非受到被過去箝制的心智所支配，而是出於你對情境的直覺反應。在另外一些情況，雖然心智已唆使你做出反應，但你將發現什麼也不做也許更好，你需要做的只是專注於當下就好。

量子跳躍般的意識進化

我曾短暫經歷過你形容的自由狀態，擺脫心智和時間的狀態，但是過去和未來的力量太強大了，我很難長時間掙脫它們。

受制於時間的思維模式已深植於人類心智，但是我們正致力於讓全球、甚至更廣闊的宇宙集體意識，產生一種深沉的轉化；這個轉化可以讓意識從物質、形相、人我分離的幻夢中甦醒，終結時間。我們要打破幾個世紀以來，主宰人類生活的心智模式；這種心智模式一直在製造規模大到難以想像的苦難，我不想用「惡」（evil）這個字來形容，稱之為「無意識」或「神志不清」或許更接近事實。

打破舊有意識或無意識模式，是我們非努力促成不可，還是終將自動發生？這個進化的過程是無可避免的嗎？

這問題關乎於你看待的角度，努力促成與自然發生只是一體兩面，因為你就是人類集體意識的一部分，這是無法分割的。但是，也不保證人類就一定會成功進化。進化過程不是自動或必然的，個人的配合及努力仍是必須的，但無論你怎麼看待，人類意識都會產生如量子跳躍（quantum leap）般的大幅進化，這也是人類這物種存活下去的唯一機會。

本體的喜悅

想知道自己是否受到心理時間箝制，有個簡單方法。你可以問問自己：我做某件事時，有感到喜悅、輕鬆自在嗎？如果沒有，就表示你的當下此刻已經被時間操控，這讓你感覺生命是種負擔或挑戰。

你沒有在做事當中感到喜悅、輕鬆自在，並不表示你應該轉而去做別的事，需要改變的也許只是你該怎麼做，「如何做」比「做什麼」更加重要。試試看，把更多的注意力放在正在做的事情上，而不是放在預期得到的結果上，全然專注在你眼前的這一刻。這表示你得全然接納事物的本然，因為一個人

是不可能既全神貫注於某件事，卻又抗拒它的。

　　一旦你接納當下此刻，所有不愉快或勉為其難的感受就會消散，生命的喜悅和自在將開始流動起來。當你能依循當下的覺知採取行動，那麼即使是最簡單的行動，都將散發出關懷與愛的高超品質。

　　所以，別把心思放在結果上，全神貫注地做好手上的事，若能如此，結果自然會完美呈現。這是一種強而有力的靈修方法，現存最古老、最優美的靈性指南《薄伽梵歌》，稱這種不執著於結果的靈修方法為「業力瑜伽」（Karma Yoga），形容它是一條通往「神聖行動」（consecrated action）的道路。

　　當你不再身不由己地想逃離當下，本體的喜悅就會注入你所做的一切。當你將注意力轉向當下，就會感到臨在、寧靜與平安。你不再需要倚靠未來獲得成就或滿足，不再在未來尋找救贖。你不會再執著於結果，不管成功或失敗，都無法增減你內在的喜悅。你已經在人生處境底下，找到了自己的生命。

　　沒有了心理時間，你的自我感將構築於本體之上，而非來自個人的過往經歷；渴望成為某個非你所是之人的心理需求，

將不復存在。就算在現世、你的人生處境的層次上，你因此變得富有、見多識廣或事業成功，但在更深沉的本體向度中，當下的你即已達完整和圓滿。

在這種圓滿狀態中，我們還可以或想要追求外在的目標嗎？

當然可以，只是你不再抱有不實的期待，以為未來會有什麼事或什麼人能帶給你救贖或快樂。在你所處的人生處境層次上，你或許還想去達成或得到什麼，畢竟這是個形相的世界，充滿了得與失。然而，在更深的層次裡，你已經圓滿具足了；正因為你知道這一點，所以無論做什麼，你都會充滿喜悅和活力，就像在玩遊戲一樣。掙脫了心理時間的桎梏，追求某些目標時，你將不再患得患失，不再受到恐懼、憤怒、不滿或想成為誰的心理驅策，不再因害怕失敗而裹足不前（對「小我」來說，失敗便是死亡）。當你的自我感構築於「本體」，當你不再有「想成為誰」的心理需求，你的快樂或自我感將不再依賴外在的結果，因此一無所懼。你將不再於無常世界（形相世界、得與失的世界、生與死的世界）中追求永恆，不再需要仰賴某些情境或某些人帶來快樂，也不再因為他們讓你失望而難過痛苦。

珍視一切卻又不為事物所牽絆，深知形相有生有滅，但你

在形相之外看見了永恆。你將知道,「凡是真實的,不受任何威脅。」[5]

　　當這成了你的存在狀態,你怎麼可能不成功呢?你已經成功了。

第四章

心智逃避當下的策略

失落了當下：幻相的核心

即使我完全接納時間只是幻相，這對我的生活又有何差別？我還是得活在這個世界裡，完全受時間的支配啊！

如果你只是在理智上同意這個觀點，那它只是另一個信念，不會為你的生活帶來任何改變。要真正體會這真理，你需要去活出它。當你身體的每個細胞都因為活在當下而歡欣鼓舞，你在每一瞬間都感受到本體的喜悅，你就真的擺脫了時間的桎梏。

但我每逢月底還是得繳交各種帳單，最終還是會像其他人一樣老死啊！我怎麼可能擺脫時間的桎梏呢？

　　月底的帳單不是問題，肉體的衰老也不是問題，失落了當下才是問題。換句話說，把某個處境、某件事件或某種情緒當成煩惱，才是真正的幻相。失落了當下就是失落了本體。

　　從時間中解脫，就是從過去和未來的心理需求中解脫，你不再依靠過去來界定自我，也不再依靠未來實現自我，這是最深刻的意識轉化。在極罕見的例子裡，這種轉化會徹底戲劇性地發生，一次就成功了。這種情形之所以發生，通常是因為當事人經驗到極強烈的痛苦，不得不全然臣服而導致轉化發生。然而，多數人往往必須下點工夫。

　　在短暫經歷過無時間狀態後，你將開始在時間和臨在這兩個向度之間來回擺盪。首先，你將意識到，自己可以專注於當下的時間真是少之又少，但是能夠了知到自己是否臨在，就已經是重大的突破了——這了知本身就是臨在，哪怕它只有短短幾秒鐘。接下來，你會愈來愈常選擇將自己的意識集中在當下此刻，而非過去或未來；每一次你意識到自己又沒專注在當下時，你就已經處於當下了。就外在的「時鐘時間」來看，這段維持在當下的時間不只有幾秒鐘，而拉得更長了。所以，在你未能持續地保持臨在、全然處於意識清明狀態之前，你將會在

有意識狀態與無意識狀態、臨在狀態與認同心智狀態之間，來回擺盪一陣子。你失落了當下，又重拾它，週而復始直到最後臨在成了主導狀態。

　　大多數人要不是從未體驗過臨在，就是只有在極偶然的情況下短暫體驗到了，卻不知道那就是臨在。又或者，他們並非擺盪於有意識狀態與無意識狀態之間，而只是擺盪於不同層次的無意識狀態之間。

普通無意識與深層無意識

何謂不同層次的無意識狀態？

　　你或許知道，人在睡眠中會輪流處於做夢和無夢這兩種狀態之間。同樣的，大部分人醒著的時候，也都不斷處於「普通無意識」（ordinary unconsciousness）和「深層無意識」（deep unconsciousness）兩種狀態之間。我所謂的「普通無意識」狀態，是指你認同於思維、情緒、反應、欲望與個人好惡。大部分人都處於此狀態中，受小我支配，對本體渾然不覺。它不會帶給人劇烈的痛苦或不快樂，卻會讓人不斷感到些許的不自在、不滿足、無聊煩悶或神經緊張。身在其中的人也許不會意識到它的存在，因為這些感覺讓人熟悉到習而不察，就好像冷

氣機嗡嗡的低鳴聲，往往只有當聲音戛然停止時，人才會意識
到它的存在。不過，如果那狀態突然消失，你會有鬆一口氣的
感覺。許多人之所以沉迷於酒精、藥物、美食、工作、電視節
目或購物，其實就是想藉此麻醉自己，讓自己感到輕鬆自在。
如果適可而止，這些方法確實會讓人暫時放鬆，然而若過度沉
迷，久而久之將使人上癮、無法自拔。

　　一旦事情出了「差錯」，你的小我備受威脅，或是你的人
生處境中出現重大挑戰、威脅、失落（無論是真的或你想像出
來的），甚至是關係中出現衝突時，那「普通無意識」狀態中
的不自在感，就會轉變為「深層無意識」狀態中的痛苦，使人
陷入強烈的痛苦或不快樂。那是普通無意識狀態的加強版，儘
管兩者本質上並無不同，卻有程度深淺之分。

　　處於普通無意識狀態中的人，會習慣性地抗拒並否定當下
本然，而產生不自在和不滿足的感覺，大多數人卻把這當成
了生活的常態。深層無意識狀態則意味著這種抗拒更形強烈，
而導致更強烈的負面情緒，例如：憤怒、強烈恐懼、攻擊性、
沮喪等等。深層無意識狀態的形成，通常代表著你的「痛苦之
身」已被喚醒，而且你已經跟痛苦之身認同。若非處於深層無
意識狀態，暴力行為是不會出現的。不過，一旦一群人甚或整
個國家形成了集體的負面能量場，暴力就很容易出現了。

　　了解你自己意識程度最好的指標，就是看你如何處理人生

中的挑戰。在面對這些挑戰時，處於無意識狀態的人往往習慣進入深度無意識狀態；反之，意識清明的人將變得更加清明。也就是說，你可以利用逆境讓自己覺醒，或是允許它把你拉入更深的睡夢中，讓普通無意識的夢變成惡夢一場。

　　如果你在一般狀況下（如獨自坐在房間裡，在樹林間散步或聆聽別人講話）就無法保持臨在，那麼當事情出了「差錯」，或面對難搞的人或情境，甚至受到強烈的失落感襲擊時，就更不可能保持臨在了。你會受制於固定的反應模式（通常都是某種形式的恐懼），被拉進深層無意識狀態中。總之，人生挑戰是最好的試金石，你在面對它們時的反應，將顯示出你和其他同處其間的人的意識狀態。這跟你可以閉上眼睛打坐多久，或能看見什麼靈視影像都毫無關係。

　　所以，趁日子還算平順的時候，把更多的意識帶入日常生活中非常重要。一旦這樣做，你臨在的能力會愈來愈強，你的內在和周遭會形成一個高振動頻率的能量場。沒有任何無意識狀態、負面情緒或暴力心態，可以通過這個能量場而不被摧毀，一如黑暗無法在光的照耀下繼續存在。

　　當你學會觀察自己的思維和情緒（這是臨在的重要部分），就會意識到普通無意識所帶來的隱約不自在感，並訝異於你真正安適自在的時間少之又少。在思維的層面上，你會發現自己以價值判斷、不滿足和心理投射等等形式，大力抗拒著當下；

而在情緒的層面上，你會察覺到不自在、緊張、無聊煩悶的感覺，像伏流一般流過你心中，這兩者都是心智慣性抗拒模式的不同展現。

他們在尋覓什麼？

　　卡爾‧榮格（Karl Jung）在他的書中曾經寫道，一位美洲原住民頭目跟他說到印象中，大多數的白人總是神情緊張、眼神貪婪、行為粗暴。那頭目還說：「他們總是尋尋覓覓，不知道是在尋找什麼？白人就像缺少了什麼似的，時常焦躁不安。我們也不曉得他們要什麼，在我們眼中，他們就跟瘋子沒兩樣。」

　　當然，早在西方工業文明興起之前，這種焦躁不安就已經存在了，如今西方文明主導了全世界，包括大部分的東方世界，在這樣的背景下，焦躁不安的情緒更史無前例地高昂起來。早在耶穌時代、佛陀時代，甚至更早以前，人類就備受深深的不安感困擾。耶穌問門徒：「你們哪一個能用思慮使壽數多加一刻呢？」[6] 佛陀則教導世人，無止境的渴望即是苦的根源。

　　抗拒當下是人類的一種集體失調，它與失去對本體的覺知，以及違反人性的工業文明關係密切。順帶一提，佛洛伊

6　編註：摘自《新約》〈馬太福音〉第六章第二十七節。

德也認識到這個潛藏於人類心底的不安，並寫下《文明及其不滿》(*Civilization and It's Discontents*) 一書。但他並不知道這份不自在感的真正根源，也不了解擺脫掉它是可能的。現代人的集體失調，創造出一個非常不快樂及充滿暴力的文明，這不僅威脅到人類本身的生存，也威脅到地球上所有的生命。

瓦解普通無意識

我們該如何走出這種困境呢？

　　把無意識帶到意識層面來，觀察內心升起的不自在、不滿足和緊張感，觀察你是如何抗拒本然和否定當下。任何無意識都會在意識之光的照耀下瓦解，一旦你懂得怎樣驅散普通無意識，你的臨在之光便會更加明亮，讓你在應付深層無意識時變得更游刃有餘。不過一開始，普通無意識並非那麼容易就能察覺到，我們對它太習以為常了。

　　所以，我們應該養成自我觀察的習慣，隨時監測自己的「心理—情緒」狀態。經常問自己這個好問題：「這一刻，我安適自在嗎？」或問：「這一刻，我的內在有何動靜？」至少讓自己對內在的關心，不亞於對外在的關心。只要你的內在正確了，外在事物自然會各就其位。內在是第一層實相，外在只是

第二層包裹於外的表象。但是，在問自己這些問題之後，先別急著馬上回答。把注意力導向內在，仔細觀看你的內心。你的心智正在製造什麼想法？此刻你有什麼感覺？之後，再把注意力轉向你的身體，感受一下有哪裡覺得緊繃？一旦你察覺到有些許的不自在感，試著觀看自己正在用什麼方法迴避、抗拒或否定生命。人們抗拒當下此刻的方式不勝枚舉，我稍後再舉例說明。持續這樣練習下去，你的自我觀察、覺察內在狀態的能力，就會與日俱增。

從不快樂中解脫

你討厭手邊的工作嗎？你答應了別人要做某件事，卻又不情不願嗎？你對某個親近的人心懷怨尤，卻沒說出口嗎？你知不知道這些情緒是有害的能量，會損害自己和周遭的人？仔細往你內觀看，有任何一點點埋怨或不甘願存在嗎？如果有，請從心智與情緒兩個層面來觀察。對於這個情境，你的心智製造出了什麼想法？你的身體對這些想法又產生了哪些反應？請感受一下這些情緒。你有快樂或不快樂的感覺嗎？這是出於你自己選擇而來的能量嗎？你真的有選擇嗎？

說不定是你被占便宜了，說不定你做的事真的很枯燥乏味，說不定你討厭的那個人真的是煩人精，但是這些都不重

要，不管你對此情境所產生的想法或情緒是否有理，一切都沒差別。事實是，你在抗拒當下本然，你把這一刻當成敵人而製造出不快樂，並在你的內在與外在之間創造了衝突。你的不快樂不只汙染了自己和周圍人們的內在，也汙染了與你不可分割的人類集體心智。地球汙染只是心智汙染的外在反映，是無數的無意識個體未對自己內在空間負責的結果。

此時，你可以停止正在做的事情，向某個在意的人表達你的感受，也可以選擇放下你的心智針對某個情境所產生的負面性，因為它對你完全沒有幫助。負面性是毫無意義的，它唯一的用處是強化你的虛假自我感。負面心態從來不是處理問題的上策，多數時候，那只會讓你陷在問題裡，使得真正的改變無法發生。任何抱持負面能量所做的事都會受到汙染，假以時日，只會產生更多的痛苦、不快樂。此外，任何負面的內在狀態都具有傳染性，也就是說，不快樂的情緒比身體疾病更容易傳染給別人。透過共振原理，它將激發及餵養別人隱性的負面性，除非對方有高度的覺知才可能對此免疫。

你正在汙染世界還是清理世界？只有你能夠對自己的內在空間負責，其他人都無法代替你，就像你必須對這個地球負責一樣。如果人能夠清理自己的內在汙染，自然就會停止製造一切外在汙染了。

我們該如何放掉負面性？

就是放掉！你如何放掉手中燒燙的木炭？你如何丟掉一件沉重無用的行李？因為你體認到，自己不想再承受更多的痛苦，不想繼續背負重擔而活，然後你就會放手。

深層無意識（例如痛苦之身），或其他極度的痛苦（例如失去摯愛），通常需要透過接納以及你的臨在之光（持續的專注），才能成功地轉化。相形之下，擺脫普通無意識就顯得容易多了，只要你明白自己不想要或不需要什麼，知道自己不是個只會做反射動作的傀儡。這便意味著你取用了當下的力量，沒有這力量你就沒有選擇可言。

你把一些情緒稱為負面的，這樣不也落入了好壞二元對立的思維模式嗎？

不，在更早之前，當你的心智判斷當下此刻為「壞」的時候，二元性就已經產生了，正是這個價值判斷為你帶來了負面情緒。

如果你聲稱某些情緒是負面的，不就表示這些情緒不該存在嗎？如果我的理解沒錯，你一直都在教導我們：讓任何

情緒如實呈現，不要去評斷它是好是壞。所以才說，感到怨恨沒什麼不對，感到憤怒也沒什麼不對；若非如此，我們就會陷入壓抑、內在衝突和否定當下之中。一切如其所是都沒有問題，不是嗎？

　　是的，當某種心智模式（某個情緒或反應）出現時，就接受它。你的意識還不夠清明，無法做出選擇。這不是在評斷什麼，而是一個事實。假如你可以選擇，或知道自己真的可以選擇，你會選擇痛苦還是快樂，自在還是不安，平靜還是衝突？你會選擇任何讓你脫離自然美好的存在狀態，脫離生命內在喜悅的想法或情緒嗎？我把某一些情緒稱為「負面」情緒，並不意味著「你不該有那樣的情緒」，我只是平實地陳述其負面性，就像在說「我覺得胃不舒服」一樣。

　　你能夠相信嗎？光是在二十世紀，人類就殘殺了超過一億個同胞。[7] 人類以如此驚人的規模將痛苦加諸於同類身上，簡直令人匪夷所思。而這還不包括人類在日常生活中，將心理、情緒和行為上的暴力等等折磨、痛苦和殘酷，不斷加諸於彼此或

7　摘自席瓦爾（Ruth L. Sivard）《世界軍事與社會經費》（*World Military and social expenditures*）1996, 16th Edition, Washington D. C.: World Priorities, p.7.

其他生物身上。

　　人類是在進入內在本質或感受到生命喜悅時，才這麼做的嗎？當然不是，只有深陷於負面狀態、自我感覺極度不良好的人，才會創造出足以反映自己內在的外在處境。而現在，這些人變本加厲，不斷摧毀維繫他們生命的大自然和地球。這真是讓人難以置信，卻又真實上演著，人類如此瘋狂、病態，這絕非只是批評而已。所幸，在瘋狂底下其實潛藏著清醒的可能，療癒和救贖在當下仍唾手可得。

　　回到剛剛的問題上，沒錯，當你接納了自己的怨尤、陰晴不定、憤怒等等情緒，它們就不會再被迫盲目地上演，而你也比較不會把痛苦投射到別人身上。但是，我懷疑你說的「接納」只是自欺之詞。這樣練習一陣子之後，你會往下一個階段邁進，那時你將不會再創造出任何負面情緒。若非如此，就表示你只是用「接納」在掩飾情緒，好讓你的小我可以繼續沉溺在不快樂之中，好強化你與他人的分離感（separation）。正如你所知，分離感乃是小我認同的基礎，真正的「接納」將會把那些情緒統統轉化。要是你真的認為，一切如其所是都「沒有問題」（這是你的用語，當然這是真的），一開始怎麼還會出現那些負面感受呢？只要你不去評斷，不去抗拒本然，負面情緒根本無從產生。你的心智告訴你一切「沒有問題」，可惜你的內心卻壓根不相信，以至於舊有的「心理─情緒」模式照常

抗拒著。這就是你感覺很糟的原因。

就算我感覺很糟，也「沒有問題」。

　　你在保護自己保有無意識、受苦的權利嗎？別擔心，沒人會把它們從你身上奪走的。當你知道某種食物會讓你反胃，你還會繼續吃它，並覺得就算作嘔也「沒有問題」嗎？

無論身在何處，要全然地在

你可以再多舉一些「普通無意識」的例子嗎？

　　觀看自己是否經常抱怨，抱怨你的處境、抱怨別人、抱怨你的人生際遇，甚至抱怨天氣。抱怨通常就是不接納本然，必然帶著無意識的負面能量。抱怨意味著你把自己變成了受害者，相對地，當你勇於說出自己的感受，便是拿回了自己的力量。所以，假如有必要或可行的話，試著採取行動或說出心聲，對眼前的情境做出改變──選擇離開它，或接納它，這兩者以外的其他作法都是不智的。

　　通常在某些情況下，普通無意識會與抗拒當下有所關聯。當然，除了「此時」，當下同時也是「此地」。你正在抗拒此時

此地嗎？有些人總是不滿現狀，總在嫌棄「此地」不夠完美，自我觀察看看你是否也是如此。無論身處何方，請全然安住。如果你覺得「此時此地」讓你無法忍受，讓你覺得不快樂，那你有三種選擇：離開它、改變它，或接納它。如果你想為自己的人生負責，務必擇一而行，而且要在當下做出抉擇。然後，接受選擇所帶來的結果——沒有任何藉口，不帶負面情緒，毫無心智汙染，保持你內在空間的純淨。

如果你決定採取行動，要離開或改變你的處境，請先放下負面心態，盡可能完全擺脫它們。順應你的內在洞見（insight）去做必要的行動，這會比受負面心態所驅動的行動，獲得更好的效果。

往往，採取任何行動都會比什麼也不做來得好——若你久困於一個不快樂的處境，那就更該如此。即便行動失敗，仍可從失敗中學習。如果什麼也不做，那就什麼也學不到。不採取行動是因為恐懼嗎？如果是，那就承認、觀察、專注於那份恐懼，全然臨在時也帶著它，這將會斬斷恐懼與你思維之間的連結。不要讓恐懼升起並進入你的心智當中，利用當下的力量，這樣恐懼就無法得勝。

假如對於改變此時此地的情境，你真的什麼都不能做，也無法離開這個情境，那麼就放下內在的抗拒，全然接受你的此時此地吧！如此，那個對自己感到痛苦、憤怒及抱歉的自我，

那個虛假、不快樂的自我將不復存在，這就是臣服。臣服不代表軟弱，反而需要更大的勇氣，只有臣服的人才能擁有靈性的力量。透過臣服於某個情境，你將從內在得到自由解脫，接著你可能會發現情境居然自動改變了，而你完全不費吹灰之力。無論面對何種處境，你都自由自在了。

　　再者，有什麼是你「應該」做卻沒做的嗎？有的話就站起身來，馬上去做；或者，全然接納這一刻沒有行動力、懶散、消極的自己。如果這是你的選擇，就全然接受它並好好享受，盡其所能地懶散和死氣沉沉。如果你能全然有意識地進入其中，很快就能跳脫出來了。就算沒有很快跳脫出來，你也不會懷抱任何內在衝突、抗拒、負面情緒。

　　你常感到壓力很大嗎？你是否總在忙著追逐未來，讓當下淪為達成未來目標的手段？壓力來自於你身在「這裡」，心卻想要去到「那裡」；身在現在，心卻想要去到未來。如此一來，你和你的內在將分裂開來，而在這種分裂狀態中生活是錯亂又瘋狂的。每個人都這樣做，並不表示這不瘋狂。如果有需要，你當然可以加快步伐，甚至用跑的，但不需要把自己投射到未來，也不需要抗拒當下。在你行動、工作、甚至跑步的時候，全心投入其中！享受能量在當下的流淌，你將不再有任何壓力，因為不再把自己分裂為二。你也可以什麼都不做，只是靜靜坐在公園長椅上。但不論你要做什麼，請觀察你的心智，它

也許會說：「你該去做點事情，這是在浪費時間！」對此，你笑而不答就好。

你常回憶過往嗎？你喜歡誇耀過去的成就或冒險經歷嗎？你喜歡抱怨別人對你不好，或你哪裡對不起別人嗎？在回憶往事的時候，會有內疚、傲慢、怨尤、憤怒、悔恨或自憐等等感受浮現嗎？如果有，那你不只強化了虛假的自我感，還加速了身體的老化過程。因為過去的包袱對心智來說，是如此的沉重。如果你不相信，不妨看看周遭那些老愛把往事掛在嘴邊的人，你就會知道我在說什麼了。

每一刻都讓過去就此消逝，你不再需要它了。唯有當過去與當下此刻的情境絕對相關時，才去回想過往。充分感受這一刻的力量和本體的圓滿，感受你的臨在。

你容易擔心嗎？你常會有「萬一……」（what if）的想法嗎？如果是，就表示你與心智認同，而且將自我投射到了虛構的未來，製造出諸多恐懼。未來的情境是你無法應付的，因為它並不存在，那只是心智上的幻影。你若想停止這種腐蝕健康和生命的錯覺妄想，只需要承認當下此刻就行了！覺察自己

的呼吸，感覺氣息從你的身體流進流出，感受的你內在能量場。所有你需要面對和處理的（相對於心智投射出來的一切想像），唯有這一刻。問問自己，這一刻有任何讓你苦惱的「問題」嗎？這一刻有什麼不對勁嗎？你總是可以應對當下，但不可能也沒必要應對未來。一切的答案、力量、正確行動和所有的資源，都在當下；不在之前，也不在之後。

「有一天，我一定會成功。」你常說這句話嗎？達成目標是否讓你費盡心思，以致當下此刻被你視為只是實現目標的過程？你是否總在等待著展開新生活？如果是，那不論你得到或達到什麼，將永遠抱怨當下不盡如人意，永遠覺得未來會更好。「有一天，我一定會成功。」這是你讓自己永遠不滿足和不圓滿的最大障礙，不是嗎？

你習慣「等待」嗎？每日生活中，你花多少時間在等待？等待可以分為兩種：一種是「小等待」，一種是「大等待」。在郵局排隊、塞車、候機、等人、等下班，這些是「小等待」；等待下一次的長假、一份更好的工作、小孩子長大，等著成功、賺大錢、成為重要人物，甚至等待開悟，則是「大等待」，許多人花上一輩子等著「開始」新生活。

等待是一種心智狀態，那基本上表示你嚮往未來卻不喜歡現在。你不喜歡已擁有的，希望得到你沒有的。無論是哪一種等待，你都無意識地創造出許多衝突──這一刻與未來的衝

突，你所在之處與你嚮往之處的衝突。你讓自己失落了現在，生活品質勢必將大大降低。

努力改善自己的人生處境並非錯事，人生處境是可以改善的，但你無法改善你的生命。生命是主要的，是你最深層的內在「本體」，它根本圓滿無缺。人生處境是由環境和過去形構而成的，好壞並無定論。設定目標並付諸努力沒什麼不對，但當你誤以為這些目標就是生命或本體，那可就大錯特錯了。若是如此，你就像個本末倒置的建築師，花費大量時間建構地面上的建築物，卻不管地基是否穩固。

舉例來說，許多人都等待著過富裕生活，但那無法在未來得到。唯有正視、承認、完全接納自己的現況——你是誰，你在哪個地方，你正在做些什麼，唯有全然接受自己所擁有的，並為此心生感激——感激本然，感激本體，感激當下此刻及當下生命的圓滿，你才算擁有真正的富足，那是無法在未來獲得的。然後，這份富足感會以各種不同方式向你顯化。

假如你所擁有的不能令你滿足，甚或現下的匱乏生活令你感到挫折、怨憤，你或許可以因此產生動力讓自己變得有錢，不過即使你成為百萬富翁，內心深處還是會覺得匱乏，覺得不夠圓滿。金錢也許可以讓你買到許多快樂，但這些快樂總是稍縱即逝，無法填補你的空虛感，只會徒增你在肉體和心理上更多的需求。你無法安住於本體，感受生命的圓滿，其實那才是

真正的富足。

　　拋棄等待的心智狀態吧！一旦發現自己陷入等待的狀態，馬上跳脫出來，回到此時此刻，純然活在當下、享受當下。如果你臨於當下，就沒有什麼需要去等待的了。所以，當下次有人對你說：「抱歉，讓你久等了。」你應該回答：「別放在心上，我沒有在等，我只是站在這裡自得其樂，享受著我內在的喜悅。」

　　上述只是一些心智慣用來否定當下此刻的模式，一部分普通無意識的例子。人們太習慣它們的存在，所以往往習而不察。不過，經常練習觀察自己的「心理─情緒」狀態，將愈容易發現自己被過去和未來困住，被無意識狀態困住，也愈容易從時間的幻相中清醒過來，臨於當下。你要記住，不快樂的小我是活在時間裡的，它知道自己無法存活於當下此刻，因而備感威脅，它會竭盡所能把你誘離當下，千方百計讓你受縛於時間之網。

人生旅程的內在目標

我明白你說的道理，但我仍相信人生必須有目標，否則就會隨波逐流。而目標指的不就是未來嗎？我們要如何讓追求人生目標和活在當下，不產生矛盾呢？

在人生旅程上，知道自己要去哪裡或至少知道大方向，當然是很重要的。但別忘了，這趟旅程唯一一件最真實的事，就是這一刻你即將踏出的這一步，那就是一切了。

你的人生旅程既有外在目標，也有內在目標。外在目標就是我們設定的目的地，要抵達目的地當然需要未來。但是，如果你把目的地看得比你在當下踏出的這一步更為重要，並讓它占據太多心思，你將完全遺忘人生的內在目標，這目標與你要去哪裡或正在做什麼完全無關，只跟你如何做每件事有關；它與未來無關，只與你做事時的意識品質有關。外在目標位於時空的水平向度上，內在目標則位於當下的垂直向度上，後者關注的是如何深入你的本體。你的外在旅程也許需要百萬步才能完成，但你的內在旅程只需要一步——你此時此刻踏出的這一步。當你可以更深入地感受這一步，你將明白，這一步已含括所有其他步伐，甚至含括了目的地本身。它把你帶回本體，本體的光芒將會透過它閃耀。這就是內在旅程的目標和實現，一趟回歸自我的旅程。

這麼說來，我們是否能實現外在目標，成功或失敗並不重要囉？

外在目標只在你尚未實現內在目標時，才顯得重要。等到你實現了內在目標之後，對外在目標的追逐將變成像是遊戲一般，覺得好玩不妨繼續玩下去。一個人可能實現內在目標，卻無法實現外在目標，但也可能相反（這種情況更為常見）——變得外在富裕而內在貧窮，如耶穌所說：「人若賺得全世界，卻賠上自己的生命，有什麼益處呢？」[8] 嚴格說來，所有外在目標都注定會「失敗」，因為它們全都受到「無常」定律的制約。你愈早領悟到，外在目標不可能帶給你持久的滿足，對你愈重要。當你看出外在目標的局限性，就會放下不實的期望，不再認為它可以為你帶來快樂；反之，它將成為你實現內在目標的一股助力。

8　編註：摘自《新約》〈馬太福音〉第十六章第二十六節。

過去無法在你的臨在中存活

你曾說過，不必要的回想或談及往事，是我們逃避當下的一種方法。不過，除了我們記得、甚至認同的那些過去之外，我們內在是否還潛藏著更深層的過去？我指的是，那些制約著我們的無意識過去，像是童年記憶，甚至前世記憶。此外，還有那些文化帶來的制約，它與我們生在哪個地方和哪個年代息息相關。這一切決定了我們如何看待世界、如何反應、如何思考、如何和別人相處，以及如何生活。所以，我們如何覺知這一切，如何擺脫這一切？那需要多長的時間啊！即使可以，那又留下了什麼？

　　當幻相消失，留下的是什麼呢？

　　我們無須探究內在潛藏的無意識過去，除非它在此時以某種思維、情緒、欲望、反應或外在行為展現出來，並影響了你。此刻你所面對的挑戰，將引領你明白內在潛藏的無意識過去是如何展現的。如果你縱身跳入過去一探究竟，它將變成一個無底洞，永無止境。你也許認為，自己需要更多的時間才能認識過去、擺脫過去；你認為未來終能助你擺脫過去。這是錯覺，唯有當下可以幫你擺脫過去的桎梏。更多的時間無法讓你擺脫時間，取用當下的力量才是關鍵所在。

什麼是「當下的力量」？

不外乎就是你臨在的力量，就是你從思維中解脫出來的意識。

所以，應該在臨在狀態下面對過去。你愈專注於過去，便能灌注給它愈多能量，愈可能從過去當中形塑出一個「自我」。別誤會，專注是件好事，但不要專注在已逝的過去上，應該聚焦於現在，觀察自己此刻的行為、反應、情緒、思維、恐懼和欲望。過去存於你的內在，如果你能充分臨在、觀察一切，不帶分析或褒貶地中立去看，那就是運用了臨在的力量面對過去，並找到了解脫之道。你無法回到過去找到自己，只能進入當下去發現你自己。

了解過去，了解我們為什麼會這樣做、那樣反應，無意識地創造出某些特定的人生戲碼，陷入特定的關係模式之中，這不是很有幫助嗎？

當你能更有意識地臨在，就可能突然得到內在洞見（insights），看出自己為何有那些制約的行為模式，例如：你的情感關係為何總是依循某種模式發展，你或許會憶起某些往事，把它們看得更透澈。這樣很好，也對你很有幫助，但這些都不

是最重要的。重要的是，你有意識地臨在，它可以化解過去的問題，它是轉化事物的媒介。所以，不要想了解過去，只要盡可能臨於當下就好。過去無法在你的臨在中存活，只能在你意識缺席的狀態下找到立足點。

第五章

臨在狀態

它不是你想的那樣

你一直提到臨在狀態的重要性。雖然理性上我了解那是什麼，但我不知道自己能否真正體驗到它。我不知道，它是否和我想的一樣？

它和你想的截然不同！臨在非你所能思考，也非心智所能了解，了解臨在的唯一方法就是成為臨在。

讓我們來做個實驗。閉起眼睛，然後問自己說：「我的下一個想法會是什麼？」然後保持警覺，像貓守在老鼠洞口那

樣，等待下一個想法出現。有什麼想法會從這個老鼠洞跑出來
呢？現在就試試看吧。

$$\int$$

結果如何？

我等了好久，才等到一個想法出現。

正是如此。當你處於強烈的臨在狀態，就擺脫了思維的羈
絆。你是寂靜的，卻又是高度警醒的。當你的自我覺察降低到
某個程度時，思維又會再次湧現。心智的雜音去而復返，寂靜
消失不見了，你再度掉回時間的向度中。

有些禪師為了得知弟子的臨在程度，會悄悄走到他們背
後，冷不防給他們一記棒喝。夠震撼吧！如果弟子充分臨在並
高度警醒，有「把腰束緊，把燈點亮」（耶穌說明何謂「臨在」
的比喻[9]），就會知道師父走近了而馬上避開。但如果被打中
了，就表示他深陷思維之中、心不在焉，落入了無意識狀態。

9　編註：摘自《新約》〈路加福音〉第十二章第三十五節。

在日常生活中保持臨在，可以幫助你深深扎根於自己的內在。否則，總是蠢蠢欲動又鬥志高昂的心智，就會像野溪般推著你到處竄流。

你所謂「深深扎根於自己的內在」是什麼意思？

就是全然安居在你身體內（inhabit your body fully）。你要學習把注意力，放在覺察身體的內在能量場上，從內在去感受自己的身體。覺知身體可以幫助你保持臨在，讓你定錨於當下（詳見第六章）。

「等待」的奧義

就某種意義而言，臨在狀態與等待狀態相似，耶穌曾在他的寓言故事中以等待作比喻。我所說的「等待」，不是那種百無聊賴、否定當下的等候，不是先專注於未來的某一點，然後視當下為達成未來目標的障礙。我所說的「等待」，在性質上和一般「等待」不同，需要你完全保持警醒。任何時刻都可能發生些什麼，如果你沒有保持在絕對清醒、默觀的狀態，就什麼也覺察不到。這就是耶穌所說的「等待」──全神貫注於當下，不再做白日夢、胡思亂想、追憶過去或臆測未來。在那等

待中，你不會感到緊張、恐懼，只是保持著警醒的臨在，你的整個存在、身上的每個細胞都安住在當下。在此狀態中，那個擁有過去和未來的「你」，或說是人格面的你（假如你喜歡這個說法）將不復存在；然而，凡是有價值之物都不會消失。你還是你，甚至比從前任何時候更貼近你自己；或者這麼說吧，此時的你才是真正的你。

耶穌說：「好像僕人等候主人回來。」僕人不知道主人何時返家，所以必須清醒著、保持警覺，做好一切準備、不敢怠慢，等待主人一進門立刻上前迎接。另一個寓言裡，耶穌提到有五個愚拙的童女（比喻無意識狀態），因為沒準備好足夠的燈油（意識），沒讓提燈保持光亮（保持臨在），以致新郎（當下）抵達時被摒於門外，無法參加婚禮（開悟）。相對的，五個聰明的童女準備了足夠的燈油（保持有意識地臨在），所以沒有與婚禮失之交臂。[10]

即使是《福音書》的作者們，也不了解這些比喻的深義，打從一開始，他們便誤解和扭曲了它們。人們做出極為錯誤的詮釋，使得這些比喻的真義完全湮滅不彰。其實，這些寓言說的不是世界末日，而是心理時間的終結。它們指出了小我心智的昇華（transcendence），和活出一種嶄新意識狀態的可能性。

10　編註：摘自《新約》〈馬太福音〉第二十五章。

在你臨在的默觀中升起的美

我偶爾會短暫經歷到你描述的境界，通常都是在我獨處或親近大自然的時候。

　　是的，禪宗稱這稍縱即逝的體驗為頓悟（satori），那發生在一個無念、全然臨在的瞬間。雖然頓悟還不是持久的轉化，但你能體驗到應該心存感激，它讓人淺嚐開悟的滋味了。你也許經歷過這樣的狀態卻渾然不覺，遑論知道它的重要性了。若想感受到自然的美、莊嚴與神聖，進入臨在狀態是不可免的。你曾凝視過清朗的夜空，被那不可思議的靜謐和星空的浩瀚震懾住嗎？你曾真正用心聆聽過山間溪水的聲音嗎？或是在萬籟俱寂的夏日黃昏，聆聽過烏鶇的叫聲嗎？想感受到這些美，你的心智必須完全靜止，你需要暫時拋開個人問題的包袱，拋開你的過去與未來，甚至所有你的知識，否則你將只是視而不見、聽而不聞。你的全然臨在是必需的。

　　在這美好的表象之下，蘊藏了更多的一些什麼——某些無以名狀、不可言喻的東西，某些深沉、內在、神聖的本質。無論何時何地，只要美的事物出現，這種內在本質必定閃耀其中，但唯有當你處於臨在，它才會向你顯現。這無以名狀的本質和你的臨在，可不可能是相同的呢？會不會就算少了你的臨

在，它仍舊在那裡？深深地進入當下吧，自己去找答案。

即使你經歷過瞬間的臨在，可能也不知道自己已進入了短暫的無念狀態。因為那與思緒之流之間的間隙太過窄小，你的頓悟可能只持續幾秒鐘，又因心智的介入而被打斷。但它已然發生，否則你不可能感受到美。心智認不出美，也創造不出美，但是在你全然臨在的幾秒鐘內，美與神聖升起了。只不過這間隙太過窄小，加上你缺乏警覺，可能分辨不出不以思維來知覺美，和以思維來命名、詮釋美之間的差別。這個間隙，小到讓你以為它只是個過程；事實上，當心智、思維重新介入的一刹那，所有你對美的知覺（perception）就成了記憶。

隨著知覺和思維之間的間隙逐漸拉大，你內在的深度也會加深——你將會更能意識到自己是誰。

許多人受到心智的囚禁甚深，以致從未真正感受過自然之美。他們也許會說：「這花很美。」但那只是人云亦云的機械化反應。少了臨在，少了默觀，他們不可能看見花真正的美，更不用說能感受到它的神聖本質——他們連自己都不認識，也感受不到自己的神聖本質。

我們的文化是心智主導的文化，除了極少數的例外，大部分的現代藝術、現代建築、現代音樂和現代文學都缺少了美，缺少了內在本質（inner essence）。這些創作者本身尚未掙脫心智的束縛，不曾觸及創造力與美的真正源頭。心智本身只能創造出一些畸形古怪的作品，看看現代的美術館裡展示了些什麼，看看城市和工業區的景觀，從來沒有一個文明創造過那麼多「醜」的事物。

純粹意識的展現

臨在和本體是相同的東西嗎？

當你意識到本體，本體同時就意識到它自己；當本體意識到它自己，就成了臨在。本體、意識、臨在其實是同義詞，我們也可以說，臨在就是意識到本我存在的意識狀態，或是一種了知自我意識的生命狀態。千萬不要執著於文字名相，也不要努力去理解這番話。在你進入臨在之前，你什麼都不需要知道。

我完全懂你在說什麼，但這似乎意味著本體還不夠完美，還在經歷一個進化的過程。難道連神也需要一段時間自我成長嗎？

是的，從已顯化宇宙（manifested univerise）的狹隘眼光看來，確實如此。神在《聖經》裡宣示：「我是初，我是終，我是活的一（living One）。」[11] 神所在的那無時間之境（同樣也是你我的家）中，始就是終，終就是始，始與終是一體的；所有已發生與未發生之事，都存在於「永恆的當下」，這是超乎人類心智所能想像與理解的。在我們這看似孤立分離的形相世界裡，無時間性的完美狀態，簡直是一個不可理喻的觀念。在這世上，就連意識（從永恆源頭發出的光）也要經歷發展才能臻至圓滿。但這是從我們狹隘的觀點來看，若從究竟的角度來看，絕非如此。現在，先讓我繼續談談世界的意識該如何進化（evolution）吧！

萬事萬物皆有其本體，有其神性（God-essence）和一定程度的意識。即使一塊石頭也有它初階的意識，否則其內原子和分子將四分五裂，石頭就無法存在。一切都是活的，太陽、地球、所有植物、動物、人類，都是不同程度的意識展現，都是以形相形式顯化（manifesting）的意識。

當意識以形相形式（包括思想形相與物質形相）展現，世界就產生了。看看單是地球上就有多少種生命形式──海裡游的、地上爬的、天上飛的，每種生命形式又複製了數百萬次。

11　編註：摘自《新約》〈啟示錄〉第二十二章第十三節。

它們為何存在？是誰用來遊戲的棋子嗎？古印度先知提出此一疑問，他們將世界看成「萊拉」（lila），意思是神玩的神聖遊戲。顯然在這個遊戲當中，個別的生命形式並不重要，像是有些海中生物從生到死才不過幾分鐘光陰。人的壽命也很短暫，轉眼間化為塵土，像是從未存在過一般。這是一齣神導演的殘酷悲劇嗎？當你為每一種形相虛構出獨特的自我，忘了每一種形相的意識都是神性自身的展現，悲劇才會產生。不過，你是不會明白這道理的，除非你能認識到：自己的神性本質就是純粹意識（pure consciousness）。

假如有條魚在你的水族箱裡誕生，取名為約翰，你發給牠一張出生證明，告訴牠其家族歷史，過了兩分鐘，另一條魚吃掉了牠，整件事便成了一齣悲劇。然而，之所以會是悲劇，純粹由於你替牠虛構出一個獨特的自我；你在生死無常、分子聚散的動態過程中，緊捉住某一段時間，塑造了一個孤立的生命。

意識披上了形相的外衣，後來這些形相愈變愈複雜，以致意識在其中迷失了自己。今日人們的意識，已全然認同於這些外在形相，視自己為那些形相而心懷恐懼，害怕這些生理、心理形相終有灰飛湮滅的一天。這是小我的作祟，是心智的失調。在你意識進化的過程中，覺得人生有什麼不對勁是必須的，就連這種感覺也是「萊拉」的一部分，神的遊戲的一部分。這是喚醒自我意識的必經過程：心智失調所引發的巨大痛苦，

終將迫使你的意識從形相的幻夢中覺醒，繼而擺脫對形相的認同。你會重獲自我意識，進入到比迷失之前更深的層次中。

耶穌曾以「浪子回頭」比喻此一過程[12]：一個兒子要求父親分家產後，拿著錢離家去任意揮霍，最後錢財散盡、流落街頭、飽經飢寒折騰的他，決定回家懇求父親的寬恕；沒想到回家後，他的父親竟比從前更愛他。這個迷途知返的兒子，還是從前的那一個人，但又不完全相同了，他的生命向度已開展得更深。這寓言描述的，正是我們從無意識的完美狀態（unconscious perfection），歷經不完美的形相狀態，再回到有意識的完美狀態（conscious perfection）的過程。

你現在了解到，作為一個觀看心智者——處於臨在狀態更深遠的意義了嗎？每當你觀看心智，就是將意識從這些心智形相中抽離，你成了觀照者或見證人。慢慢地，這個觀照者將愈來愈強，心智的結構將愈來愈弱。當我們像這樣談論觀看心智之際，是在將一件意義非凡的大事擬人化：意識透過你，從認同於形相的幻夢中清醒過來，從形相中抽離出來。這預告著在可預見的將來，可能有一件事會發生，那就是「世界的終結」（the end of the world）。

---

12   編註：摘自《新約》〈路加福音〉第十五章。

當意識從自身對生理及心理形相的認同中解脫出來，便成了我所稱的純粹意識、開悟意識或臨在。這事已發生在一些人身上，用不了多久，將發生在為數更多的人身上；當然，也絕不保證一定會發生。目前，大部分人們仍受到小我的箝制——與心智認同、受它操控，如果不能及時擺脫心智的操控，人終將被心智摧毀。人們將經驗到更多的迷惘、暴力、疾病、絕望和瘋狂。小我心智像是一艘下沉中的船，你若不棄船逃生，就只好隨它一起沒入海底。集體的小我心智，是地球上最危險和瘋狂的東西，如果人類意識依然不願改變，你覺得這星球的前景會是如何？

　　對多數人來說，心智唯一能稍事歇息的時刻，就是潛入思維底下的意識層次，一如每日夜間的睡眠狀態。某種程度上，人們也能透過性愛、酒精或嗑藥達到同等效果，這些東西都可以抑制過度活躍的思維。若不是靠著酒精、鎮靜劑、抗憂鬱藥和各種非法藥物（它們的消費量已大得驚人），人類心智錯亂的程度恐怕會比現在嚴重十倍。我相信，要不是藉這些東西之助，或許有更多人會做出危及自己和他人安全的事。當然，這些藥物只會把你更深地困在失調狀態，讓你無法自拔。濫用

它們，只是拖延舊有心智結構瓦解的時間，延後了更高意識（higher consciousness）的來臨時刻。雖然嗑藥可以使人暫時擺脫心智的折磨，卻也讓人遠離清明的意識，無法超越思維之上，得到真正的解脫。

人類的先祖、所有動物和植物，都活在前思維（pre-thinking）的意識層次，人類想要退回這種意識層次去生活，已經不可能了。進化沒有回頭路，如果人類想存活下去，意識非得進化到下一個階段不可。以宇宙的宏觀來看，意識已透過宇宙成功進化出無數形相，即便人類進化失敗也無關緊要。意識的進化是不可逆的，即使無法透過人類來展現，也會透過其他的生命形式來展現。不過事實是，我正在這裡說話，而你們正在聆聽或閱讀這本書，這足以反映出：新的意識漸漸在這星球上，取得了立足點。

這跟我一點關係都沒有，我並沒有教你什麼，你就是意識本身，而你正在聆聽自己所說的，這就如同東方諺語「教學相長」的意思。不管怎樣說，語言文字本身都不是重點，它們不是真理，充其量只是指向真理的手指。我以臨在的狀態對你說話，希望能引領你進入臨在。當然，我使用的每個字都是從過去而來，都有它的歷史，所有語言無不如此；但是，我現在告訴你的這些話，承載了臨在的高頻率能量，與其字面上的意義又不盡相同。

寂靜（silence）是較能承載臨在的載體，所以，當你在閱讀這本書或聽我說話的時候，請注意字詞之間或語言底下的寂靜，注意這些間隙。無論身處何處，聆聽寂靜乃是進入臨在最簡單、最直接的方法，即使是滿布噪音之處，你也能在聲音之間或聲音底下找到寂靜。聆聽寂靜，將會在你的內在創造默觀，而默觀就是臨在，就是擺脫了思維形相的意識。現在，你可以試著在生活中，落實我們所說的一切。

基督：你的神性臨在本質

別執著在文字名相上！只要你喜歡，用「基督」（Christ）代替「臨在」一詞都可以。「基督」就是你的「神性」（God-essence）。「基督」和「臨在」的唯一差別在於：前者是你固有的神性，無論你是否覺知到它；後者則是指你被喚醒的神性。

如果人們能夠了解，基督是超越過去或未來的，那麼許多對基督的誤解或誤信自然會獲得澄清。說出基督在過去如何或未來如何，乃是語言上的矛盾。耶穌，是生活在兩千年前的人，一個了悟到自己神性臨在（divine presence）、真實本

我的人，所以他才說：「還沒有亞伯拉罕就有了我。」（Before Abraham was, I am. [13]）而不是說：「亞伯拉罕出生以前，我已經存在了。」（I already existed before Abraham was born）他若是這麼說，表示他還活在時間與形相的向度中。他在以過去時態開始的句子中，使用了現在式的 I am，是為了表明一種徹底的轉化，一種時間向度上的轉換。這就像禪宗的話頭一樣，深奧無比。耶穌嘗試不透過迂迴的思考，直接道出臨在的意義。他超越了時間主導的意識向度，進入了無時間之境──一個永恆向度的境界。當然，「永恆」並非意指無止盡的時間，而是時間根本不存在。至此，人子耶穌成了基督，成了純粹意識的一個載具。在《聖經》中，神是怎樣定義自己的？祂有說過「過去我都在，未來我都在」（I have always been, and I always will be）嗎？當然沒有，否則過去和未來就變成了實相。祂是這麼說：「我即我本是。」（I AM THAT I AM）這裡沒有時間，只有臨在。

所謂基督的「再臨」，並非是指有朝一日基督將再次從天而降，而是比喻人類意識的轉化──從時間轉向臨在，從思維轉向純粹意識。如果「基督」真的打算以人的形相再臨，想必他（她）只會對你這樣說：「我就是真理，我就是神性臨在，

13　編註：摘自《新約》〈約翰福音〉第八章第五十八節。

我是永恆的生命，我在你之內，我就在這裡，我就是當下。」

∫

　　別把基督人格化，別把基督形相化。神之化身（avatars）、神聖母親（divine mothers）或開悟大師——那些極少數真實的存有，其實在人群中一點都不特別。他們沒有虛假的自我需要支撐、防衛或餵養，所以往往比其他人更簡樸、平凡。有著強大小我的人，會覺得他們很不起眼，甚至根本看不見他們的存在。

　　如果你受到已開悟老師的吸引，表示你內已擁有足夠的臨在，可以認出別人之內的臨在。許多人認不出耶穌或佛陀，一如許多人經常會被假的靈性導師吸引，因為小我會被更大的「小我」吸引。黑暗認不出光，唯有光能認出光。別相信光來自於你之外，或只能以某種特殊形式顯現。如果只有你的靈性導師才是道成肉身的神，你又是誰？任何排他性都是對於形相的認同，也就是對小我的認同——不管它偽裝得多好。

　　請善用大師的「臨在」，以映照出你自己的真實本我——超越名字和形相的你，讓你的臨在更為強烈。很快地，你將會發現，沒有所謂「你的」或「我的」臨在，臨在就是一。

　　共修對於強化你的臨在之光,非常有幫助。一群臨於當下的人聚在一起,將產生極為強大的集體能量場,不只可以提升每個成員的臨在程度,也能幫助人類的集體意識擺脫心智支配,使得每個人更容易進入臨在狀態。然而,除非團體中有至少一位成員進入了全然的臨在,否則小我心智很可能藉機還魂,破壞了整個團體的努力。雖然群體共修是很難得的事,但你也必須小心,不要對團體形成依賴;同樣的,除了在轉化期間——學習臨在的意義及練習臨在的階段以外,你都不可以對師父或老師形成依賴。

第六章

內在身體

本體是你最深層的自己

你稍早之前說過，深深地根植內在或身體非常重要，你可以再多加解釋嗎？

　　身體是通往本體的入口，現在，讓我們更深地進入本體吧。

我還是不很確定，你所說的本體是什麼？

　　如果魚可以思考，大概也會問：「你說的『水』是什麼意思？我不明白。」

不要企圖去理解什麼是「本體」，你已經瞥見過本體了，但心智總喜歡把它塞進一個小盒子，再貼上標籤。這是行不通的，本體無法被當成一種知識看待。在本體中，主體與客體是融為一體的。

超越了名字與形相，你可以感受到本體就是恆在的「我本是」。感受到它，你就能了知自己的恆在，而開悟就是深深扎根於這個狀態之中，那就是耶穌說能讓人得到解脫的真理。

從什麼之中解脫出來呢？

從幻相中解脫，不再認同於你的身體與心智——佛陀所說的「自我的幻相」（illusion of the self），那是人們最根本的錯誤。從恐懼中解脫，恐懼有千百種形式，無一不是把幻相當真的必然結果。從罪咎（sin）中解脫，只要你的想法和行為受到罪惡感支配，你就會持續無意識地把痛苦加諸於自己和他人。

超越語言文字之上

我不喜歡「罪」這個字，它暗示著我受到審判和定罪。

這一點我可以理解，由於千百年來人們的無知、誤解與控

制欲，許多字彙（包括「罪」這個字）都遭到誤解和錯誤的詮釋，儘管它們本質上蘊含著真理。如果你不能超越語言的字面意義，直接領悟到真正的意涵，那就寧可不要使用它們，不要讓自己困在名相的層次。文字不過是個工具，就像指向終點的路標一樣。「蜂蜜」這個字並不是蜂蜜本身。你可以隨自己的喜好去研究和談論蜂蜜，但如果沒有嚐過它，你永遠也不會知道它的滋味。在你嚐過它的滋味之後，「蜂蜜」這個字便不再那麼重要了。同樣的道理，你可能一輩子都在談論或思考「神」，卻不知道那是什麼，甚至不曾瞥見這個字指向的實相，這就跟執著於某一個路標、某一個心理偶像，沒什麼兩樣。

反過來說，如果基於某種理由，你不喜歡「蜂蜜」這個字，說不定一輩子都不願意去嚐嚐它的滋味。同樣的，你可能對「神」一詞十分反感，而連帶否定掉它所指向的實相，於是你便失去了體驗實相的機會。當然，這一切都是你與心智認同所導致。

所以，如果某個字彙對你不再有用，就丟掉它，換個對你有用處的。例如，假設你不喜歡「罪」這個字，那不妨用「無意識」或「神智失常」來取代它，也許可以讓你更貼近藏在文字背後的真理。「罪」這個字已深深被誤解，容易讓人聯想到「內疚」（guilt）。

我也不喜歡那個字，聽起來好像我有哪裡不對勁，有一種被人評判的感覺。

你當然有哪裡不對勁，但你並沒有被誰評判。

我不是有意冒犯你，但你不是人類的一份子嗎？人類不是僅僅在二十世紀裡，就殘殺了超過一億名同胞嗎？

你是說，我應該為此感到內疚？

內疚與否不是問題，只要你還持續受到小我心智的控制，你就參與了人類集體的神智失常。看來，你對人類集體神智失常的嚴重程度，了解得還不夠深。請你睜大雙眼，看看無處不在的恐懼、失望、貪婪和暴力，看看人們如何殘酷地將巨大的痛苦，施加於彼此和地球上的其他生物身上。你不需要去譴責，只要觀察就好。那就是罪，那就是神智失常，那就是無意識狀態。最重要的是，別忘了觀察你自己的心智，從那裡找出神智失常的根源。

找到你內不可見、不可摧毀的本質

你說過，認同於生理形相也屬於陷入幻相，那身體怎麼可能是我們通往本體的入口呢？

　　你那看得見、摸得著的身體，並不能把你帶向本體。有形的身體只是一個軀殼，身體是對更深層實相的局限和扭曲。在與本體連結的自然狀態下，你每時每刻都可以感受到那實相，它就像無形的「內在身體」（inner body），是你內在饒富活力的臨在。所以，我才說要「安住在身體」（inhabit the body），從內在去感受你的身體，感受身體之內的生命，從而體認到：你是超越外在形相的存在。

　　但這只是內在旅程的起點，這趟旅程將帶你深入默觀之境、平安之境，一個擁有無比力量與活力的境界。起初，你也許對它只是驚鴻一瞥，但是透過這些體驗，你將開始了解到，自己並非漫漫宇宙中的一個無意義碎片，不是飄盪在出生與死亡之間的時間，不是在短暫歡愉後又等著以痛苦收尾的受害者。在你的外在形相之外，你與某種浩瀚無邊、神聖光明的事物緊緊相連。儘管這事物人們無法理解，也無法言喻，但我還是要試著形容看看，我的目的不是要說服你相信這事物的確存在，而是要教你如何去親身體驗到它。

　　當心智佔據了你的注意力時，你與本體的連結就切斷了。這種情況發生的當下，你已不在你的身體之內（大部分人都是

如此）。心智吸取了你所有的意識，並扭曲為心智的產物。你無法停止思考，強迫性思考已成了人類的集體渴望和通病。你的自我感起源於心智的活動，那並非扎根於本體的自我身分認同，非常脆弱又極度匱乏，它會製造出恐懼——一種具主導性的潛在情緒。然後，你失落了生命中真正重要的事：覺知到你的深層自我，你那無形無相、不可摧毀的本質。

想要覺知到本體，必須從心智手中奪回你的意識。這是這趟靈性之旅最重要的任務，若能達成，先前被無用的強迫性思考所困住的意識，將可以獲得釋放。對此，有一個非常有效而簡單的方法，就是將注意力從思維轉移到身體上，這麼做可以使你感受到一個無形的能量場——那使你有能力感知到自己身體的東西。

與你的內在身體連結

依照我說的試著做做看。剛開始練習時，你也許會覺得閉上眼睛做更有幫助，但假以時日，等你能夠輕鬆自然地「安住在身體」，那閉上眼睛就不必要了。現在，把你的注意力集中在身體上，從內在去感受你的全身。有感受到身體的活生生嗎？有感受到生命存在於你的手、你的手臂、你的腿、你的腳、你的腹部、你的胸膛之中嗎？有感受到一個微妙的能量場，環繞

著全身，並為每個器官和細胞注入鮮活的動力嗎？你可以感受到，由各部位組成的這身體是一個單一能量場嗎？持續幾分鐘，專注於感受你的「內在身體」，不要思考，只要去感受。你的專注力愈強，你的感受就會愈清楚而強烈。你會感受到每個細胞都變得更活躍，如果你發揮很好的想像力，甚至可以看見自己整個身體正在發光。這麼想像，也許對你會有短暫的幫助，但重點還是專注在你的感受上，因為不管想像得多美或多有力量，都會讓無形之物形相化，那無助於使你看得更透澈。

感受你的內在身體，感受到它的無形無相、不受限制又無法被理解，你永遠都可以感受它更深。假如現階段，你感受得還不是很深，請專注於你能夠感受到的，可能你感受到的是手掌或腳掌上微微的刺癢，這已經很不錯了。請專注於這種感受上，讓你的身體慢慢甦醒，之後，我們將會做更多的練習。現在，你可以張開眼睛，但持續把若干注意力放在身體內的能量場上，即使是在環視房間的這一刻。內在身體是介於外在形相與真實本相（即真正的你）之間的門戶，請記得，千萬不要與它失去聯繫。

透過身體進行轉化

為什麼大多數宗教都譴責、否定身體？許多求道者把身體
當成一種阻礙，或覺得它充滿罪咎。

　　這就是為什麼求道者多，而得道者少。

　　從身體的層次來看，人與動物非常相近，身體的基本功能
是相同的：用以感受歡愉和疼痛、呼吸、吃喝、排泄、睡覺、
求偶與繁殖，還有生與死。人類從依靠天恩（grace）的「一
體」（oneness）狀態到落入幻境之後，竟開始對自己擁有動物
的身體，感到非常困擾。「別再自欺欺人了，你也不過是隻動
物嘛！」面對這讓人感到不安的事實，人類十分震驚。亞當和
夏娃發現自己赤身裸體的那一刻，竟害怕了起來，很快就對自
己的動物本性（animal nature）進行無意識的否認。人害怕自
己會被強烈的獸性籠罩，所以決定撤退到全然無意識的狀態之
中。他們對身體的某些部位和某些功能（特別是性器官和性功
能）感到羞恥，並建立了許多禁忌。他們的意識之光還不夠明

亮，不知道如何與自己的動物本性共處，允許它如其所是，甚至享受它；更別說能夠深入其中去探索，發現那隱藏在幻相背後的實相、你我的神聖本質了。他們只是做了自認必須做的事——選擇與身體斷絕關係。人現在視自己為身體的擁有者，而不是臨在其中的生命。

宗教的出現，使得人與身體更加疏遠了，人們深信「你不是你的身體」。幾千年來，東、西方有無數人試圖透過否定身體追尋神、救贖或開悟。有些人抗拒一切感官感受，特別是性帶來的歡愉，或是以禁食和其他方式修行；他們甚至認為身體是罪惡的溫床，所以必須苦其身，用懲罰身體的方式去弱化它的影響，在過去的基督教中，這種修練法稱為「禁欲苦修」（mortification of flesh）。有些人則企圖以進入恍惚狀態，或尋求靈魂出體來逃脫肉身，很多人至今還繼續這樣做。據說，佛陀也曾以否定身體的方式修行，他經歷了禁食和最極端的苦行六年之久，最後，在放棄苦修之後開悟得道。

事實上，沒有人能透過否定、對抗身體，或任何靈魂出竅的經驗而開悟。雖然這類經驗十分迷人，可以讓人淺嚐超脫物質形相的自由況味，但你終將還是得回到身體內，因為轉化的重要過程都是在此發生。轉化乃是透過身體，而不是遠離身體發生的。這也是為什麼一位真正的靈性導師，不會教人去對抗或遠離身體，不過那些被心智蒙蔽的追隨者，倒是經常會這麼做。

古代的靈性導師了解身體的重要性，但這方面的教導只留下隻言片語，如耶穌說：「你全身將被光充滿。」或是如《聖經》所記載的，耶穌從未離棄身體，而是帶著身體一起「升天」。今日，幾乎無人能夠了解，這些隻言片語或某些神話隱藏的深意，「你不等於你的身體」的說法卻蔚為流行。正因如此，無數求道者得不到靈性上的領悟，只能成為永遠的追尋者。

我們可以重建那些宣揚身體重要性的教導，或是從隻言片語中重整其意義嗎？

沒有必要這麼做，因為所有靈性教導皆來自同一個源頭，人的導師始終只有一個，但他會以不同的形相顯現。我就是那位導師，一旦你能連結上你內在的源頭，你也成了那位導師。通往源頭的路徑，就是「內在身體」。即使我說過，所有的靈性教導都系出同源，但是一旦被說出或寫下，這些教導就被局限在文字名相裡了。正如我先前說過的，語言文字只是路標一般，所有的靈性教導也都是路標，都在為你指出回到源頭的路。

雖然我說過，真理就藏在你內，但我仍會在那些失傳的靈性教導中，為你爬梳出一條路徑——這也只是另一個路標而已。聆聽或閱讀這些內容的同時，請持續不斷地感受你的內在身體。

關於身體的教誨

　　受到生、老、病、死的束縛，被稱為身體的這個物理結構，並不是究竟的實相——身體不是真正的你，而是你對於真正的你的一個錯誤認知。你的實相是超越生死的，而你誤以為自己有生有死。身體是心智畫地為牢的結果，心智與本體已失去連結，創造出你與身體分離的幻相，並企圖將它的恐懼合理化。儘管如此，請不要對身體置之不理，因為在心智對身體的錯覺底下——把身體視為無常、限制、死亡的象徵，正封藏著你不朽實相的光芒。在你追尋真理的過程中，不要把注意力置於外在某處，因為真理就在你內，不待外求。

　　不要和自己的身體對戰，這樣做就是在和自己的實相作對。你就是你的身體，但你那看得見、摸得著的身體只是一片虛幻的薄紗。在那後面，存在著無形無相的內在身體，那是你邁向本體、未顯化生命（Life Unmanifested）的門戶。透過內在身體，你和未顯化的「至一生命」緊密連結，進入無生無滅的永恆臨在之中。透過內在身體，你與神融合成為永遠的一。

$$\int$$

深深地根植內在

關鍵在於，與你的「內在身體」保持恆常的連結，時時刻刻去感受它，很快地，你的生命將獲得深層的轉化。你愈專注於內在身體，它的振動頻率就會愈高，一如你轉動調光器可以增加電流的輸入量，讓電燈變亮。處在這更高能量的層次上，負面心態再也影響不到你，而你也更容易吸引到足以反映出這高頻率的新情境。

只要盡可能把注意力集中在身體上，你就可以定錨於當下。你將不再迷失於外在世界中，也不再迷失於自己的心智裡。思維、情緒、恐懼和欲望，偶爾或許還會升起，卻再也支配不了你。

此刻，檢視一下你把注意力放在哪裡。你正在聽我說話，或是讀這本書，那就是你注意力的焦點；然而，在這焦點的周邊，你仍然意識到其他東西，如周遭的環境和其他人等等。當你在聆聽或閱讀時，某些心智活動一定也進行著，忙著評斷你所聽到或讀到的內容。不要讓這些東西吸去你所有的注意力，試試看，你可不可以同時和你的內在身體保持連結。將一些注意力轉移到你內，不要讓它們全部向外流散。從裡面去感受你整個身體，把它想成一個單一能量場，讓自己幾乎用整個身體來聆聽或閱讀，在接下來幾天和幾週內，好好練習這個方法。

不要將全部的注意力，都放在心智和外在世界上，竭盡所能地專注於你正在做的事情上，同時感受你的內在身體。深深地根植內在，然後觀察這麼做將為你的意識狀態和做事品質，帶來怎樣的改變。

無論何時何地，請善用等待的時間，去感受你的內在身體。如此一來，不論是路上塞車或街上排隊的時刻，你都能自得其樂了。不要把自己投射到未來，而在心理上脫離了當下此刻，透過深深地根植於身體，你將進入當下更深。

不斷覺察你的內在身體，你終將開展出一種全新的生活方式，進入一種與本體恆常連結的狀態，為你的生命帶來前所未知的深度。

當你可以深深扎根於自己內在，你就更容易保持在臨在狀態，作一個心智的觀察者，不管外界發生了什麼，都不能動搖你分毫。

除非你保持臨在（「安住在身體」是臨在不可分割的一部分），否則將繼續受心智擺佈。你腦子裡很久以前擬好的劇本，將指揮你怎樣思考和行動。你也許可以偶爾擺脫一陣子，但是不可能持久，尤其是當事情「出差錯」，或當你遇上逆境或重大挫折的時候。人的恐懼一旦被掀起——隱藏在認同心智的意識狀態下的基本情緒，你那無意識的、自動化的、可預期的制約反應模式就會全面啟動。

　　所以，你要養成一個習慣：每當遭遇困難或逆境時，立即將注意力收回到身體的內在能量場。不需要太久，幾秒鐘就夠了。你要當心，在困境出現的剎那就要立即行動，任何一點點拖延都可能讓慣性的「心理─情緒」模式升起；相對的，當你專注於內在身體，當意識從心智中撤離，你立刻會感受到寂靜和臨在。就算你必須對當下的處境作出即時回應，也請照上述的方法做，然後，你一定可以獲得有效的解決辦法。因為這樣的解決辦法，是出自一個比心智更深的層次，就像陽光比蠟燭的火焰亮上無限倍，本體的智性也比心智高出無限倍。

　　只要你有意識地與內在身體保持連結，你就會像一棵深深扎根於土地的大樹，或是一棟地基穩固的大樓。有一個比喻出自耶穌，但一直以來廣受誤解：一個人將房子蓋在沙土上，結果大洪水一來，房子就被沖走了；另一個人地基挖得很深，把房子建在磐石上，所以他的房子沒有被洪水沖走。

在你進入身體之前，先寬恕

每當我想把注意力集中於內在身體，就會感到很不舒服；我會焦慮不安，還會想吐，所以未能體驗到你說的境界。

　　你所感受到的，可能是一種你從未覺察，卻長久以來糾纏

著你的情緒。除非你注意到它，否則它會阻礙你進入更深一層的內在身體。注意到它，並不意味著去思考它，而是去觀察、全然地感受那情緒，進而承認它、接納它。有些情緒很容易辨認，像是憤怒、恐懼、悲傷等等；有些則比較難，可能只是一些幽微的不自在感、沉重感或壓迫感。與其說是情緒，不如說是介於情緒與生理感受之間的感覺。你能不能命名它們並不重要，重要的是去感覺，讓它們盡可能在意識層面浮現出來。專注是轉化的關鍵，全然地專注意味著接納。專注就像一束光，意識的專注力量可以將任何東西轉化為意識。

在任何一個功能正常的生物身上，情緒的生命週期都很短暫，情緒就像是在本體表面盪漾的漣漪。然而，如果你沒有安住在身體內，那麼情緒就可能存活幾天、甚至幾週，或與其他頻率相近的情緒融合成痛苦之身，像寄生蟲一樣寄生在你身上多年，它會吞噬你的能量，導致各種疾病，讓你的人生悲慘兮兮（參考第二章）。

所以，請將注意力放在你感受到的情緒上，細細地感受它，檢查你的心智是否執著於某些悲情模式，像是抱怨、自憐、怨恨等等。如果是的話，就表示你還沒有寬恕。不寬恕的矛頭，通常指向了別人或你自己，但有時也會指向一些你拒絕接納的情形或處境，不管它們發生在過去、現在或未來。沒錯，人甚至可能無法寬恕未來，因為心智拒絕接受不確定感，

不喜歡無法掌控的未來。寬恕就是放下悲情，一旦你意識到怨恨只會強化你的虛假自我，此外別無用處，自然就可以放下悲情了。若不這麼做，你只會被痛苦折磨，讓生命能量的流動大受阻礙，甚至引起疾病上身。

當你能夠真正地寬恕，那一刻，你從心智手中奪回了你的力量。不寬恕乃是心智的本質，一如心智製造出的假我——小我，它若少了衝突就無法存活。心智沒有寬恕的能力，一旦你擁有了這能力，一旦你寬恕了，你就可以進入臨在、進入身體，感受到從本體湧現的平安與寧靜。這就是為什麼耶穌說：「進入聖殿前，當先寬恕。」

你與未顯化狀態的連結

臨在與內在身體有什麼關係？

臨在就是純粹意識，是從心智、形相世界中奪回的意識。內在身體是你與未顯化狀態之間的橋樑。內在身體最深層的面向就是未顯化狀態，那即是意識的「源頭」，一如太陽是光的

源頭。覺知到內在身體的同時，意識便憶起了自己的源頭，並回歸到那裡。

未顯化狀態與本體是相同的嗎？

是的，只不過未顯化狀態是一種反面說法，用以表達終極實相的無可言說、無可理解和無可想像，藉由說它不是什麼來表明它是什麼，而本體則是它的正面說法。但是，不要執著或是迷信這些文字名相，它們不過都是路標罷了。

你說，臨在乃是從心智手中奪回的意識，是誰在「奪回」呢？

就是你自己。既然你在本質上就是你的意識，所以也可以說，這「奪回」的過程意味著意識自身從形相的幻夢中覺醒。這並不表示，你的形相會在意識之光的照耀下立刻消失。你將繼續以原有的形相存在一段時間，然而與從前不同的是，現在你可以深深地安住在自己裡面，那無形無相、無生無滅的臨在之中。

你這番話我無法理解，但不得不承認，我內心深處隱約明白你在說什麼，那是一種我說不上來的感覺。我是在自我欺騙嗎？

不是的，你不是在自我欺騙，感覺比思維讓人更貼近真理。我能教給你的，無一不是你內在深處本有之物。當你與本體的連結強到某種程度時，只要一聽見真理，你便能認出那是真實不虛的。如果你尚未達到這個階段，練習去覺知你的身體就相當必要了。

減緩老化的速度

覺知到內在身體，還有其他生理層次的好處。其一便是，可以大大減緩身體老化的速度。

儘管外在身體會隨年華老去，內在身體卻不會，只要你勤於深深地去感受它、全然安住在它內。所以，即便你現在八十歲了，你的內在身體仍可以感覺像二十歲一般，充滿朝氣。一旦你慣性的反應模式改變，擺脫了心智的束縛，能夠安住在身體內、臨於當下，你將會感覺到身體變得更輕盈、更清明、更有活力。你愈能意識到自己的身體，身體的分子結構就變得愈不那麼稠密。因為意識的增強，可以削弱物質幻相的氣餤。

當你對無時間性之內在身體的認同勝過外在身體，當你意識的常態轉為臨在，當你的注意力不再被過去和未來支開，你就不會在心智和身體的細胞裡累積更多的時間。累積時間是沉重的心理負擔，妨礙了細胞自我更新的能力。所以，如果你能

安住於內在身體，外在身體的老化速度就會放慢。即使人終將變老，但你無時間性的內在本質卻能透過你的外在形相發光，讓你看起來更年輕。

你的說法有任何科學證據嗎？

試著照我說的去做，你將會成為最好的證明。

強化免疫系統

覺知到內在身體，在生理層次上的另一個好處是，它能強化你的免疫系統。你愈能意識到身體，身體的免疫力就會愈強，你的每個細胞都會清醒過來、歡欣鼓舞。身體喜歡受到你的關注，這也是有效的自癒方法，大多數疾病都是趁我們失去臨在時悄悄潛入身體的，就像是主人不在家，閒雜人等就來佔領空屋。當你安住在身體內，不速之客就難有可乘之機。

這麼做，不只可以強化身體的免疫系統，還能增加心理的免疫力。心理免疫力可以保護你，不受別人負面「心理—情緒」能量場的侵擾。安住在身體可以讓你豎起盾牌，把較低頻率的能量（如憤怒、恐懼、沮喪等）阻隔在外。這些負面能量進不來你的意識場（field of consciousness），即使進來了，你也

用不著抗拒，因為它們只會經過、不會附著。請不要只是相信或不相信我的話，務必親自試驗看看。

你若需要提升自己的免疫力時，請練習以下簡單有效的冥想，尤其是病徵剛開始出現時最為有效。即使病情已經惡化也沒關係，只要你能頻繁地做這冥想，而且每一次都全神貫注，也一樣會有效果。更棒的是，這冥想還可以幫你抵禦任何侵擾你能量場的負面能量。不過，它的效果只是一時的，仍無法取代你每時每刻不間斷的「安住在身體」練習。方法如下：

每當你有幾分鐘的空閒時刻，特別是在每天起床後和入睡前，試著讓意識「充盈」你的身體。你可以平躺著，閉上眼睛，一開始可以把注意力放在你選擇的身體部位，像是手、腳、腹部、胸膛或頭部等等，深深地感受這些部位所蘊含的生命能量。然後，讓你的注意力像波浪一樣，從頭到腳，再從腳到頭，來回沖刷約一分鐘左右。之後，感受你的整個「內在身體」，想像它是一個單一的能量場，維持那感覺幾分鐘，全神貫注地臨在於全身每一個細胞。也許心智偶爾會打斷你，讓你的思緒又飄到身體之外，但不必緊張，只要一察覺到，馬上把注意力拉回「內在身體」即可。

讓 呼 吸 帶 你 進 入 身 體 之 中

有些時候，我的心智太過活躍，我無法收回注意力去感受
內在身體，尤其是在我憂慮或焦慮的時候。你可以給我一
些建議嗎？

　　任何時候，當你覺得難以與內在身體相連，最簡單的辦法
就是先把注意力集中在呼吸上。有意識地呼吸本身就是充滿力
量的冥想，它會讓你逐漸找回與身體的連結。將注意力放在一
呼一吸上，感受你的腹部隨著呼吸的律動而一縮一脹。如果你
善於視覺化，閉起眼睛，想像自己被光包圍，或沉浸在發光的
物質裡──意識的海洋。在光中呼吸，感受那發光的物質填滿
你的身體，讓你通體發亮。你現在「安住在身體」了。即使視覺
化是很好的方法，但是切記，不要對任何視覺形象形成依賴。

有創意地使用心智

　　如果你為了某個特殊原因，不得不使用心智，也請記得：
務必在與內在身體連結的狀態下，才使用它。唯有在不帶思維
的意識狀態中，你才能有創意地使用心智。而最能輕鬆達成的

方法，莫過於透過你的身體。任何時候，當你需要一個答案或一個點子，請先暫停思考，把注意力集中在你的內在能量場上，覺知到默觀的存在。之後，當你再次思考，你將會更有想法、更有創意。每當你需要思維活動，請養成習慣：每隔幾分鐘，就在思考與內在聆聽（即默觀寂照）之間來回切換。我們也可以說，別只是用心智思考，而要用你的整個身體來思考。

聆聽的藝術

聆聽別人說話時，不要只用你的心智在聽，要用整個身體去聽，一面聆聽一面感受內在身體的能量場。這樣將創造出一個寂靜的空間，你在其中可以真正地聆聽，不受心智干擾。這麼做的同時，也是給出別人空間，讓對方得以如實呈現，這將是你可以給別人的最珍貴禮物。多數人不懂得聆聽，他們絕大部分的注意力都被自己的思考佔據。他們專注於照顧自己的想法，以致無暇聽進別人說的話，遑論注意到那真正重要的事──在對方話語背後、心智背後的「本體」。當然，除非你先感受到自己的「本體」，否則無法感受到他人的「本體」。這

是認出一體性的開端，也就是愛的開端。在本體最深最深的層次，你與天地萬物是一體的。

人們大部分的關係，主要是由心智之間的互動所組成，那並不是真正的交流。沒有任何關係可以靠著心智互動而茁壯，這也是關係中會有那麼多衝突的原因。當你的生活受到心智操控，摩擦、爭端、問題的出現就在所難免。與你的內在身體保持連結，可以創造出一個無念的清靜空間，關係在這沃土上才能開花結果。

第七章

進入未顯化狀態之門

深深地進入你的身體

我感受到身體內的能量，特別是手和腳的能量，卻無法進入更深，像你之前形容的那樣。

你要養成靜心冥想的習慣，每次不需要花費太多時間，十至十五分鐘就夠了。首先，確定不會發生任何事讓你分心，像是電話鈴聲或誰來打斷你之類的。然後，坐在椅子上，不靠椅背，把背挺直，這樣可以讓你保持警醒。或者，你也可以選擇其他你喜歡的姿勢。

然後放鬆全身，閉上眼睛，做幾下深呼吸，感受氣息一進

一出你的腹部，觀察它如何隨著你的吸呼而微微一脹一縮。然後，覺知到你整個身體的內在能量場，不要思考，只要去感覺就好，這樣可以讓你從心智手中把意識奪回來。如果有幫助的話，不妨使用先前提過的觀想法，想像自己被光團團圍繞。

　　等到你清楚感受到內在身體為一個單一能量場之後，停止任何觀想，全神貫注在你的感覺上。如果可以的話，放下任何你還有肉身的心理形象，你會發現，最終只剩下一種遍滿一切的臨在感受——或稱為「存在」（beingness），那就是你無邊無限的內在身體。接著，請更專注在這份感受上，並與它融為一體。讓自己消融在這個能量場之中，讓觀察者與被觀察者、你與身體這類二元思維徹底瓦解；此時，內與外的界線消失了，連內在身體也不復存在。透過深深地進入你的身體，你已經超越了你的身體。

　　如果你感覺很舒服，就盡可能停駐在純粹本體之境中，然後，再度去覺知到你的身體、你的呼吸，以及你的感官感覺。最後，張開眼睛，用幾分鐘的時間環顧一下四周，不帶任何評判地觀看，同時持續感受你的內在身體。

∫

悟入無形無相之境時，人將會經驗到真正的自由。那是一體生命未分裂為多元個體之前的無分別狀態（undifferentiated state），它會使你擺脫形相的枷鎖，撤除你對形相的認同。我們可以稱它為未顯化狀態，那是萬事萬物不可見的源頭，也是一切存在的本體。那是一個極度寂靜、平安的境界，卻也充滿了喜悅與活力。每當你臨於當下，就變得「透明」，從源頭射散出來的純粹意識，將會像光一樣地穿透你。而你會了悟到，那光明並不在你之外，它就是你內最深的本質。

氣的源頭

未顯化狀態，就是東方所說的「氣」（chi）──一種無所不在的生命能量嗎？

不，它不是氣，未顯化狀態是氣的源頭。氣是你體內的能量場，是你的外在自我與源頭之間的橋樑，介於已顯化狀態（即形相世界）與未顯化狀態之間。氣就像一條能量的河流，如果你的意識焦點深深地定於內在身體上，你就可以沿著這條河流，回溯到它的源頭去。氣是動態的，未顯化狀態則是靜態的。當你抵達了那絕對寂靜之境，便是超越了內在身體，超越了氣，回歸於源頭──未顯化狀態。所以說，氣是未顯化狀態

與形相宇宙之間的橋樑。

只要你夠全神貫注於內在身體，就可能抵達那一境界。在那裡，有形世界消失為未顯化狀態，而未顯化狀態則以氣的能量流形式呈現，等著化為形相。那裡也是生與滅的分界：當你的意識被引導向外境，心智與物質世界就會升起；當你的意識被導向內在，意識就會回到源頭，回到未顯化狀態，直到你的意識再度回到形相世界來，你又重拾了你的名字、你的過去、你的人生處境和未來──那個你曾短暫拋開的形相自我。不過，本質上來說，你不再是原來的那個你了，你已驚鴻一瞥內在「不屬於這世界」（not of this world）的實相。雖然這實相與這世界未曾分離，一如它與你也未曾分離。

現在，請做以下這個靈性練習：依照我之前說過的方法，試著將一部分注意力拉回內在，不要把注意力百分之百放在外在世界與你的心智上；去感受你的內在身體，特別是在生活中，與人互動或親近大自然的時候。感受你內在深處的默觀，讓這扇門經常保持開敞，亦即在生活中隨時覺知到未顯化狀態。這絕對是可行的，那可以是一種背景般的深沉平安，不論外在發生了什麼事，你都能感受到有一份靜默與你形影不離。至此，你成為了未顯化狀態和已顯化狀態之間的橋樑，成為了神與世界的中介。這種與源頭相連結的狀態，就是我們說的開悟。

不要誤以為未顯化狀態與已顯化狀態是分離的，這怎麼可能呢？未顯化狀態是存在於一切形相之內的生命，是萬事萬物的內在本質，它遍滿整個世界。請聽我繼續解釋下去。

無夢的睡眠狀態

每天晚上，當你進入睡眠中的無夢階段，你便是進入了未顯化狀態。你會與源頭合而為一，並從中取用能量，供你返回形相世界之後，維持好一陣子的活力。這能量比食物更管用——「人活著不是單靠食物。」[14] 不過，你並非有意識地進入無夢狀態的，即使睡眠中身體機能仍可正常運作，但是「你」已不存在。你能夠想像自己在無夢階段中保持覺知，會怎樣嗎？你不可能想像得出來的，因為在那狀態裡面，不存在任何內容。

除非你可以有意識地進入未顯化狀態，否則你是得不到解脫的。這也是耶穌不說「真理可以帶給你自由」，而說「當你知道真理，真理便會帶給你自由」的原因。真理不是一個概念，而是超越形相的永恆生命，你只能藉由直接體驗得知。但是，請不要嘗試在無夢的睡眠中保持覺知，你極可能不會成功的。你頂多能在夢中保持覺知，做所謂的「清明夢」，那或許

14　譯註：摘自《新約》〈馬太福音〉第四章第四節。

有趣又引人入勝，卻無法帶給你解脫。

所以，請把內在身體當作你進入未顯化狀態的大門，並隨時讓這扇門保持開敞，以便你隨時可以與源頭相連結。對內在身體而言，你的外在身體是年輕或衰老、強壯或羸弱都無關緊要，因為它超越了時間。如果你無法感受到內在身體，還有其他的門供你使用。但究竟而言，所有的門都是同一扇門，其他的門我在前面已詳述過了，但以下不妨扼要地再說一次。

其他的大門

當下，可以被視為一扇大門，它是進入其他的門（包括內在身體）的關鍵。一個人不可能安住在身體，卻沒有強烈地臨於當下。

就像時間與已顯化狀態密不可分，當下與未顯化狀態的關係也是如此。當你臨於此刻的覺知（present-moment awareness）瓦解了心理時間，你將直接或間接地覺知到未顯化狀態。你可以直接感受到，那就是你有意識地臨在所發出的光和力量——沒有內容，只有臨在；或者，你也可以透過感官感覺，間接覺知到未顯化狀態。換言之，你會在每一個受造物、每一朵花、每一塊石頭中，感受到神性，從而領悟：「一切萬

物皆神聖。」這也是為什麼〈多瑪斯福音〉[15]（Gospel of Thomas）中記載，耶穌曾說：「劈一塊木頭，我就在那裡頭；舉起一塊石頭，你會在那裡找到我。」

　　另一扇進入未顯化狀態的門是停止思考，要做到這一點，可以從一個簡單的方法開始：專注於呼吸，或是全神貫注地凝視一朵花——此時，心智的評斷停止了。有很多方法，可以在不間斷的思緒之流中製造間隙，冥想即為其一。思維是已顯化世界的一部分，持續的心智活動將把你困在形相世界中，那就像一片不透光的簾幕，讓你覺知不到未顯化狀態——存在於萬物之內，無形無相、無時間性的神性。當你全然臨在，根本不用煩惱如何停止思考，那時心智會自動停止下來。這就是為什麼我會說，當下乃是進入其他大門的關鍵。

　　臣服（surrender），即是放下抗拒本然的「心理—情緒」模式，臣服也是一扇進入未顯化狀態的門。理由很簡單，抗拒的心理將會切斷你與他人、你與自己、你與世界的種種聯繫；那會強化你的孤離感（separateness），而「假我」正是依賴這種孤離感存活的。你的孤離感愈強，就愈會深陷在已顯化狀態——一個由眾多分離個體組成的世界中；你愈受到形相世界的束縛，你基於形相的身分認同就會愈堅固而難以超越。這時，大

15　編註：一九四五年才出土的福音書，未列入《新約聖經》之中。

門會關閉起來，你與自己內在的深層向度便失去了聯繫。相反的，一旦你臣服了，你的形相自我就會軟化、變得「透明」，未顯化狀態就可以透過你發光。

要不要打開自己生命中的未顯化狀態之門，完全取決於你。與內在能量場保持聯繫，全然臨於當下，撤除對心智的認同，臣服於本然，這些都是你可以利用的門，而且只要一扇就足夠了。

「愛」想必也是這些大門之一吧？

不，愛不是大門，一旦真正的大門開啟，愛將以感性與理性合一的樣態呈現。愛不是大門，愛是經過這些門進入你的世界。你若是完全被形相自我綑綁住，愛就不會現身。你的任務不是尋找愛，而是找到一扇門，讓愛進來。

寂 靜

除了上述你提到那幾扇門，還有別的嗎？

有，未顯化狀態與已顯化狀態並不是分離的。未顯化狀態遍布整個世界，但它偽裝得很好，幾乎人人都認不出來。只要

你知道如何用正確的眼光去看，它就會變得舉目可見，也就是說，這扇大門永遠為你敞開。

你聽見遠處的狗吠聲，或汽車剛經過的聲音了嗎？仔細去聆聽。你能從中感受到未顯化狀態的存在嗎？感受不到？那就往寂靜裡去尋找吧。寂靜是聲音源起之處，也是聲音復歸之處。你應該更專注於寂靜，而不是聲音。專注於外在的寂靜，可以創造內在的寂靜——心智轉變成默觀，這樣一扇門就打開了。

所有的聲音都生於寂靜，最後又歸於寂靜，即使存在的期間也被寂靜環繞。寂靜讓聲音之所以成為聲音，它是每一個字、每一句話、每一個音符、每一首歌曲的未顯化部分。未顯化狀態以寂靜臨於這個世界，這也是為什麼智者會說，這世上沒有東西比寂靜更接近神了。你所需要做的只是聆聽寂靜，哪怕在交談中，都應該盡量注意字與字的間隙，句子與句子之間的無聲停頓，這將使你內在的默觀寂照日漸增長。專注於外在寂靜的同時，你的內在不可能不隨之變得寂靜。寂靜於外，必定寂照於內。你已經進入未顯化狀態了。

空　間

沒有寂靜聲音就無法存在，同樣的，沒有「無」（no-thing）任何事物也就無法存在。萬事萬物皆生於無，被無環繞，最後

又歸於無；甚至在每個物體裡面，「無」都比「有」多得多。物理學家說，物體的固體性只是幻相，即使看起來是固體的東西（包括你的身體），裡面幾乎百分之百都是「空」的。與這「空」的規模相比，物體中的原子數量少得猶如九牛一毛，遑論每顆原子裡面幾乎也是空的——與其說它們是粒子，不如說是一種振動頻率。兩千五百多年前，佛教徒就已經明白這個道理，否則《心經》不會說：「色即是空，空即是色。」萬物的本質就是空（emptiness）。

　　未顯化狀態除了以寂靜的形式臨於世間，還以空間的形式遍滿整個宇宙——外在空間及內在空間。空間和寂靜一樣，容易被人忽略，畢竟，每個人注意到的都是空間中的事物，誰會去注意空間本身呢？

你是說，「空」或「無」不等於空無一物，它們帶有某種神祕性。這「無」到底是什麼？

　　你提出的問題並不成立，因為一旦這樣問，「無」就變成了「有」。不過，心智就是喜歡把「無」弄成「有」。「無」（或空間）乃是未顯化狀態在感官世界中的表層現象，這說法聽來有點自相矛盾，卻幾乎是我們對「無」能做的唯一說明。它無法成為被認知的對象，你無法靠研究「無」拿到博士學位。科

學家在研究空間時，往往把空間當成一件事物，以致完全錯失了其本質。難怪最新的科學理論會主張：空間不是空的，它其實被某些東西充滿。反正，人一旦發明了某種理論，就不難找到支持它的證據，至少在另一個理論推翻它前看似有理。

只有當你不試圖抓住它或理解它時，「無」才可能成為進入未顯化狀態之門。

但是，你正在試圖要我理解「無」是什麼，不是嗎？

一點也不，我只是在為你指出方向，讓你知道如何把未顯化狀態帶入生活中。我不是要你理解何謂「無」，它沒有什麼是你需要理解的。

空間不具有存在性（existence）。「存在」的字面意思是「顯現出來」（stand out）。你不可能理解空間，因為它顯現不出來。雖然它本身不具存在性，卻使得萬事萬物得以存在。同樣的，寂靜也不具存在性，未顯化狀態也不具存在性。

如果你把注意力的焦點，從空間中的事物撤回空間本身，會發生什麼事呢？這房間的本質是什麼？是家具、油畫或諸如此類的嗎？當然不是，它們只是座落在房間之內的東西，不是房間本身。還是地板、牆壁和天花板嗎？也不是。它們雖然構成了這房間的邊界，卻不是房間本身。那麼，這房間的本質到

底是什麼？當然就是空間，空的空間。沒有這個空的空間，就不會有所謂的「房間」。因為空間是「無」，我們只能說出它不是什麼，無法說出它是什麼。所以，多多注意你周遭的空間，不要思考它，只要去感受它就好。感受它的本然，把注意力都放在「無」上。

這麼做之後，你的內在將發生意識的轉化。因為心智裡的各種形相，例如：想法、情緒、感官知覺等等，就像是房間中的各種物品（家具、牆壁等等）一樣；而意識允許各種思維形相存在其中，就像是空間允許所有物品存在其中一樣。所以，如果你能把注意力從事物（空間中的事物）上收回來，你放在心智形相上的注意力就會隨之自動轉移。換言之，你不可能一邊思考，一邊意識到空間或寂靜。然而，透過覺知到四周的空間，你就能同時覺知到無念的空間、純粹意識的空間──也就是未顯化狀態，這就是何以靜觀空間（the contemplation of space），可以成為接引你的一扇門。

空間和寂靜是一體的兩面，更精確地說是「無」的兩面，也是內在空間與內在寂靜的顯化狀態。內在寂靜乃是萬物之母，大部分人都對此向度渾然不覺。沒有了內在空間，沒有了內在寂靜，人們就會失去平衡。換句話說，人們認識外在世界（或他們自以為認識），卻不認識神，他們完全認同於自己的生理和心理形相，卻意識不到自己的本質。由於任何形相都是

不穩定的，所以他們生活在憂懼中，這種憂懼深深扭曲了他們對自己與他人的認知，扭曲了他們對世界的看法。

就算有朝一日，世界被某個超大災難摧毀，未顯化狀態仍然如如不動，絲毫不受任何影響。《奇蹟課程》相當精準地傳達了這個真理：「凡是真實的，不受任何威脅；凡是不真實的，根本不存在。上主的平安即在其中。」[16]

你若能夠有意識地與未顯化狀態保持連結，你必會珍視、喜愛、深深地尊重每一種已顯化的生命形式，它們是無形「至一生命」的不同體現；你也會了悟到，所有形相之物終必瓦解，這世上沒有什麼真的那麼重要。你達到的這個境界，用耶穌的話來說就是「勝過了世界」，而用佛陀的話來說就是「到達了彼岸」。

空間與時間的真正本質

你想想看，如果除了寂靜之外什麼都不存在，那麼對你而言寂靜也不存在，因為你根本不可能會知道那是什麼。唯有藉由聲音，寂靜才得以顯現出來。同樣的，如果只有空間而無一事一物，那麼對你而言空間也不存在了。想像你自己是浩瀚宇

16　編註：摘自《奇蹟課程》〈正文〉的「導言」部分。

宙裡的一縷意識，如果這宇宙中沒有星星、沒有銀河，只有
「空」，你會有什麼感覺？那一瞬間，宇宙再沒有什麼浩瀚可
言，甚至根本不存在了。因為任何的距離和空間，至少都需要
兩個以上的參考點才能被界定出來。就像老子對於已顯化世界
的描述：「一生二，二生三，三生萬物。」有了萬物，空間才得
以顯得浩瀚。所以，世界和空間乃是相生相成的。

　　若是少了空間沒有事物得以存在，而空間就是「無」。在
宇宙生成以前，在「大爆炸」發生以前（如果你喜歡這樣稱
呼），根本沒有空間、沒有事物，只有未顯化狀態存在──即
「一」（the One）。當「一」衍生出「萬物」（the ten thousand
things），為了供萬物存在其中的空間就出現了。這是怎麼突然
發生的？是神想要創造空間來容納宇宙嗎？當然不是。空間就
是「無」，所以從未被創造過。

　　選一個無雲的夜晚到戶外走一走，仰望星空。你能用肉眼
看到的那些星星，只不過是全宇宙所有星星的九牛一毛。拿最
進步的天文望遠鏡去看，人類現在已發現了超過一千億個銀河
系，而每一個又包含著數十億顆星星，這數量夠讓人歎為觀止
了吧？然而，更讓人歎為觀止的是廣闊的太空本身，竟然容得
下多如恆河沙數的星星。沒有什麼比宇宙空間的浩瀚和寂靜，
更讓人敬畏的了，而空間是什麼呢？就是「空」，廣大無垠的
空。

心智和感官能知覺到的外在空間，即是未顯化狀態的外在化，它是神的「身體」。但最大的奇蹟不是這個，而是：這供萬事萬物存在的寂靜空間不只在外，也在我們之內。當你全然臨在，就會跟它相會——它就是你裡面無念的內在空間。在你裡面，其浩大並非以廣度，而是以深度展現；究竟而言，空間的廣度只是無限深度的錯覺而已，那是超越實相（transcendental reality）的屬性之一。

愛因斯坦說過，空間與時間是不可分割的，他稱之為「時空連續體」（space-time continuum）。我其實不是很懂，只依稀記得他說過「時間是第四度空間」。

是的，你知覺到的空間和時間只是幻相，但其中也蘊含真理，那是神的兩種本質屬性——無限與永恆。在你的認知中，時間和空間是你身外之物，但在你內，卻有對應於這兩者的真正本質存在，那就跟你的本質是一樣的。對應於外在空間的，是你內的默觀寂照——無限深邃的無念之境；而對應於時間的，則是臨在——對於永恆當下的覺知。但請記得，歸根究柢，這兩者是沒有分別的。一旦你了悟到內在空間和內在時間（即無念和臨在），外在空間和外在時間對你就沒那麼重要了，儘管世界會繼續為你存在，但它再也綑綁不了你。

因此，世界存在的目的不在其內，而在最終要超越世界。要不是空間裡有物體，你不會意識到空間本身；同樣的，要不是有世界，你不會意識到未顯化狀態。正如佛教說：「沒有幻相，就沒有開悟。」唯有透過世界，尤其是透過你，未顯化狀態才能認識到它自己。是此時此地的你，讓宇宙的神聖目的得以開展，看看你有多重要！

意識清明的死亡

除了前面說過的無夢睡眠以外，還有另一扇非自主選擇的大門，會在你肉體死亡的一剎那短暫開啟。就算你這一生錯過了得到靈性覺悟（spiritual realization）的機會，在肉體剛剛死亡的那一刻，最後一扇門還是會為你打開。

無數有過「瀕死經驗」的人都聲稱，自己在死後見過這扇門，見到它光芒四射的模樣，甚至還感受到喜樂、寧靜和深沉的平安。《西藏生死書》形容那光芒是「空中無色的根本明光」，又說它就是「你的真實本我」。這扇門只會短暫開啟，除非你生前就進入過未顯化狀態的向度，否則很可能與它失之交臂。人往往還抱持著太多抗拒心態、恐懼心態，所以，他們雖然看到了這扇大門，卻因為害怕而轉頭走開，然後便失去了意識，落入另一次的生死輪迴。他們的臨在都不夠強烈，以致意

識不到不朽的生命。

所以，進入這扇門並不會化為烏有？

　　就像其他大門一樣，通過它之後，你的人格會消失，但真實本相會繼續存在。不需要為你的人格消失而耿耿於懷，在這人格中如果有美善的部分，莫不是你真實本相之光的閃耀，它們是永遠不會消失的，這世上沒有任何會消失的真、善、美。

　　死亡的逼近和死亡本身意味著生理形相的瓦解，卻也是靈性覺悟的最大契機。大多時候，人都與這契機失之交臂，實在非常可惜。我們生活在一個不正視死亡的文化中，就像我們對生命中真正重要的事物始終視而不見一樣。

　　每一扇大門都是死亡之門，當你通過它，你那與心智認同的「虛假自我」便會死去。然後，你會覺悟到死亡只是幻相，以形相為基礎的自我認同也是幻相，而死亡就是一切幻相的終結，死亡的意義僅在於此。唯有執著於幻相不放的人，才會認為死亡是痛苦的。

第八章

開悟的關係

從你所在之處進入當下

我一直認為,只有透過男女之間的愛情,才可能達到真正的開悟。難道不是愛情讓我們完整嗎?少了另一半,人生該如何重獲完整?

　　這是你親身驗證過的嗎?你從愛情中獲得完整的人生了嗎?

還沒有,但難道不是這樣嗎?反正,我就是知道事情會這樣發生。

換言之，你等待著一件發生在時間裡的事情來拯救你，這不正是我一直在談的根本謬誤嗎？救贖不會發生在他時他地，只會發生在此時此地。

你說的「救贖只會發生在此時此地」是什麼意思？我不懂，我甚至不知道何謂救贖。

大部分的人都在追求各種生理歡愉或心理滿足，他們相信，這些東西可以帶給他們快樂，解除他們的恐懼或匱乏。快樂要不被視為透過肉體享樂而來的快感，就是被視為透過心理滿足而來的安全感、完整感，人就這樣試圖從不滿足或匱乏的狀態中，追尋他們眼中的救贖。然而，不變的是，任何的滿足感都是短暫的，很快地又必須寄託於下一個遠離此時此地的虛幻未來。「當我得到這個或排除那個，我就會幸福快樂了。」這是無意識心智所創造的幻相，讓人以為救贖只能在未來得到。

真正的救贖是圓滿成就、內在平安，是生命的完滿狀態。真正的救贖是成為你真實的自己，感受到你內在沒有對立面的至善，也就是外境無法帶給你的本體的喜悅。你可以感覺到，它不是那些時時流逝的經驗，而是常住不動的臨在。用有神論的語言來說，救贖就是去「認識神」，了悟到神不在你之外，而就是你的本質。真正的救贖是認識到，自己乃是無時間、

無形無相的「至一生命」密不可分的一部分，而萬物皆是由此「至一生命」而生。

真正的救贖是一種自由狀態──沒有恐懼、沒有苦痛、沒有匱乏，它讓人從欲望、需求、奪取、執著中解脫出來，讓人得以擺脫強迫性思考、負面心態，並超越了過去與未來的心理需求。心智總是告訴你，你無法在此時此地得到救贖，若要圓滿解脫，你必須先做些什麼，或是變成什麼人。它總是說，你需要「時間」去獲得自由或完整，你需要時間去追尋、去分類、去做、去達成、去取得、去變成、去理解，但事實卻恰恰相反──時間正是你得不到救贖的最大障礙，此時此地才是讓你能夠抵達那裡的唯一節點（point）。而你的「抵達」是憑藉著了悟到，原來自己早就在那裡了。當你了知到根本不需要追尋神的那一刻，你就找到神了。所以，世上沒有唯一的救贖之道，任何情況都可以善加使用，也沒有絕對不可或缺的方法。因為只有一扇大門通往救贖，那就是當下，任何的救贖都離不開當下此刻。你沒有伴侶而感到寂寞嗎？那就從這個狀態進入當下。你正在一段關係之中嗎？那也一樣，就從這個狀態進入當下。

除了此時此刻，你做的任何事都不會讓你得到救贖。這對心智來說是難以理解的，它總以為任何有價值的事都存在於未來。同樣的，過去做過的或曾經發生過的事，也無法阻止你接

納本然，阻止你深入地專注於當下。你無法在未來做到，不現在做，就是空談。

愛恨交織的關係

除非你擁有臨在的意識頻率，否則你所有的關係（特別是親密關係）必然千瘡百孔，最終完全停擺。當兩個人陷入熱戀，他們會覺得彼此完美無瑕，然而不久後就會開始幻滅，雙方的爭吵、衝突、不滿足、情緒暴力與身體暴力，將愈來愈頻繁地出現。多數的愛情關係用不了多久，便淪為愛恨交織的關係。轉眼之間，愛就轉變為粗暴的攻擊、相互的敵意，往日的柔情蜜意蕩然無存。人們認為這是正常現象。接著，關係在愛、恨兩極之間擺盪，為時可以好幾個月，也可以是好幾年，其中的痛苦與歡樂一樣多。不少夫妻或情侶對這樣的週期「上癮」，這種戲劇化的互動帶給他們活著的感覺。然而，關係的正、負面兩極遲早會失衡，負面的摧毀性週期終將愈發頻繁、強烈，此時，關係的最終崩解就為期不遠了。

你也許以為，只要擺脫了這個惡性循環，一切就會恢復正

常，你的愛情就可以梅開二度。可惜，這是不可能的。愛與恨是共依存的，你不能只要其一而不要其二。事實上，這兩者是同一種功能失調的兩個面向。我這裡說的「愛」，指的是羅曼蒂克的愛，而不是真愛。真愛並非從心智而來，真愛是沒有對立面的。愛很難持久不變，一如意識也很難保持清明，不過，當思緒之流出現間際的時候，我們便有可能短暫瞥見真愛。

關係中負面的面向比起正面的面向，總是更容易讓人意識到問題。就像是我們往往更容易在伴侶身上，而不是從自己身上，看見愛情不盡人意的地方。愛情的負面面向有許多展現的形式，例如：佔有欲、嫉妒、控制欲、冷淡和有怨不說、愛爭對錯、無感、忍氣吞聲、情緒勒索與操控、想吵架、批評、責怪、攻擊、憤怒、肢體暴力，和無意識的報復心態（過去由父母所造成的創傷）等等。

在愛情的正面面向上，你與伴侶彼此相愛，一開始這會給人莫大的滿足。你感到生氣勃勃，你的人生變得充滿意義，有一個人需要你、想要你，讓你覺得自己很特別。你的伴侶也有同樣的感覺，你們都覺得自己被圓滿了，這種感覺極其強烈，以致世上其他事情都變得無足輕重。

然而，你也許有意識到，你的強烈愛意帶有某種依賴、耽溺的成分。你開始對對方「上癮」，他（她）之於你變成了一種「藥物」。有這種藥物可嗑的時候，你感到飄飄欲仙，不過，

只要一想到失去這種藥物的可能，你便會恐懼不已。因為太害怕失去，你必然充滿嫉妒、佔有欲，企圖用各種方法（情緒勒索、指責、控訴）來操控對方。如果對方真的離你而去，你更會產生深重的敵意、哀傷和絕望感。此時，你的愛都到哪裡去了？溫柔的愛竟在一瞬間，變成了粗暴的攻擊或致命的悲痛？到底，你們還在一起的時候，你是真正愛著對方，還是只把對方當成一種癮頭，因而眷戀依賴、放不了手？

上癮關係與對完整的渴望

我們為什麼會對追求愛情上癮？

　　為什麼羅曼蒂克的愛如此強烈，讓人如癡如醉想要追求呢？原因是，它可以把人從揮之不去的恐懼、匱乏和不完整感受中解放出來。凡是尚未得到救贖和開悟的人，都會有這些感受，而其又有生理和心理兩方面的成因。

　　就生理層面來說，你是不完整的，也永遠不會完整。你只能是男人或女人，也就是說，只可能是整體的其中一半。生理層面上異性相吸，男性需要女性和女性需要男性，即為追求整體（回歸一體）的展現。兩極能量相吸幾乎是一種不可抗拒的衝動，這種生理衝動的根源其實是靈性的——渴望終結二元

性，回歸完整一體狀態。性愛是你在生理層面上最能接近這境界的方法，那是帶給人最深滿足的一種生理經驗。但性的結合不過是對完整狀態的匆匆一瞥，只是對至樂（bliss）的淺嚐即止，假如你無意識地視其為追尋救贖的手段，那就只是在形相層次追求終結二元性，你最後會失望地發現這是不可能的。親密關係讓你瞥見了天堂，卻不能讓你久居，所以到頭來，你會發現自己還是孤立和不完整的。

就心理層面來說，人的匱乏感和不完整感更是強烈。一旦你與心智認同，你無中生有的自我感就得靠外在事物界定，換言之，你把自己定位在一些與「真正的你」無關的事物上，例如：你的社會角色、擁有物、外貌、成功或失敗、信念體系等等。這樣的自我只是一個「假我」，是心智虛構之物。它非常脆弱、沒有安全感，總是不斷尋求新鮮事物來證明自己的存在。但是，沒有任何事物能給它恆久的滿足，於是恐懼感、匱乏感依舊存在。

然後，特殊關係出現了。這似乎是解決「假我」一切問題的解答，可以滿足它的一切所需。起碼，一開始是這樣的。此時，你從前賴以建立自我感的東西都顯得不再重要。你有了單一的焦點，那賦予你人生的意義，你不再是漠不關心的宇宙裡的孤立碎片，你的世界如今有了重心，雖然這重心仍然是在你之外，你的自我仍然需要靠外物來界定，但至少你的不完整感

消失了，那些「假我」的基本情緒——恐懼和匱乏也不見了。然而，它們真的消失了嗎？還是被你新人生的快樂表象暫時掩蓋住呢？

　　如果你在關係中，同時經驗到「愛」和「愛的對立面」（如攻擊性、情緒暴力等等），那很可能是你把上癮關係誤認為愛。要是你真心愛你的伴侶，你不可能一會兒愛他（她），一會兒又攻擊他（她），真正的愛是不存在對立面的。如果你的愛有對立面，就表示那不是愛，而是一種強烈的小我需求——希望另一個人來讓自己更完整、更具存在感。對小我來說，那就是救贖的替代品，而且在短時間之內，其救贖功效幾可亂真。

　　不過，你的伴侶遲早會讓你失望的，更精確地說，是會讓你的小我失望。這時，一度被「愛的關係」掩蓋的恐懼、痛苦和匱乏感（小我的基本情緒），將再度浮現。就像毒癮一樣，愛情帶來的解脫效果終究會消退，一旦作用結束，痛苦的感覺就會浮現，而且還會比從前更加強烈。更重要的是，此時你會把伴侶看成是引起你痛苦的原因。你會把你的痛苦發洩到對方身上，以極盡野蠻的方式攻擊對方，而這攻擊也將勾起對方內心隱藏的痛苦，引發他（她）的反擊。這時候，你的小我仍無意識地懷抱希望，以為猛烈的攻擊可以讓對方改變行為，以便能再次利用它們來掩蓋你的痛苦。

　　每一種上癮症的根源都是無意識的抗拒，無意識地抗拒面

對痛苦和走出痛苦。每一種上癮症都是因痛苦而起，但最終帶來的還是痛苦。不管你對什麼上癮（酒精、食物、合法或非法藥物，或一段關係），你都是在利用它們來掩蓋你的痛苦。這就是為什麼在親密關係中，當最初的幸福感一過，許多不快樂、傷痛便會接踵而來。事實上，愛情並不是引起你痛苦或不快樂的原因，它只是把原本深藏的痛苦與不快樂勾引出來罷了。每種上癮症都有後遺症，其止痛效果都有失去作用的一天，當它不再有效，你所感受到的痛苦會遠甚於從前。

大部分的人之所以千方百計想逃離當下，逃到未來尋得某種救贖，理由正在於此。如果他們直接面對當下，第一個要面對的正是痛苦，而這是他們最害怕的。但願他們知道取用當下的力量是多麼容易，這力量輕易就能瓦解過去的創傷；但願他們了解，自己多麼接近自己的本來面目，多麼接近神。

為了逃避痛苦而逃避關係，一樣是不智的。無論如何，你總會有痛苦的，三次失敗的關係比起三年的孤島隱居或閉關苦修，更能迫使你走向覺醒。不過，如果你獨處時，可以進入強烈的臨在，也會有相同效果的。

從上癮關係到開悟關係

我們可以把上癮關係轉變為真愛關係嗎？

當然可以，讓自己更專注於當下，保持強烈的臨在，這就是轉變的方法。不管你是單身還是已有伴侶，這都是不二法門。想讓你的愛情成長茁壯，你的臨在之光必須夠強，不再受思維和痛苦之身操控，不再與它們認同。認識到思考者之下有本體，心智噪音之下有默觀，痛苦之下有愛、喜樂、自由、救贖與開悟。不與痛苦之身認同，意味著你要臨於痛苦的當下，如此才能轉化痛苦；想擺脫思想的操控，就要當一個沉默的觀看者，觀照自己的想法與行為，認出自己重複的思維模式，和一再扮演的慣性角色。

只要你不再為心智灌注「自我性」（selfness），心智就會逐漸失去其強迫性，不再強迫性地去評斷一切，也不再抗拒本然，如此一來，當然各種衝突、劇碼和痛苦就不會再出現了。事實上，當你接納本然、不再評斷一切，你就從心智中解脫出來，為愛、喜悅和內在平安騰出了空間。首先，你要停止對自己的批判，進而停止對伴侶的批判。轉化關係的最佳催化劑，便是完全接納伴侶的一切，不去評斷或企圖改變對方，這會讓你立刻超越你的小我，使得所有心智遊戲和上癮症戛然而止。

你們之間，從此不再有受害者和加害者，指控者與被指控者。
這也是共依存（codependency）的終結，你們不再隨對方的無
意識模式起舞。你們要不是繼續在愛中分裂，就是深入當下一
起進入本體之中。事情哪有這麼簡單？是的，就是這麼簡單。

　　愛是本體的一種狀態。你的愛不在外頭，而是深藏於你
內。你不可能失去愛，愛也不可能離開。它不會依賴某個
人，也不會依賴某個形相。在你臨在的默觀之中，你除了感受
到無形無相、無時間性的未顯化狀態充盈著你，還會感受到每
個人和萬物內在的相同生命。此時，你透視了形相和孤立感的
紗幔，了悟到一體性（oneness）。這就是愛。

　　神是什麼？即是所有生命形式之下的永恆「至一生命」。
愛是什麼？即是感受到這「至一生命」在你和萬物內在深處的
臨在。所以，究竟來說，所有的愛都是神的愛。

　　愛就像陽光，不會挑選照耀的對象，不具排他性，不會獨
厚某人。具排他性的愛不是神的愛，而是小我的愛。然而，人
對真愛有不同程度的感受，如果某個人能清楚而強烈地將你的
愛反映給你，而你對他（她）也一樣，那你們便處於愛的關係

中。本質上，你和那個人的連結，跟你與其他人（如公車上的鄰座）或事物（花、鳥、樹等）的連結並無不同，只是感受到的程度不一樣。

哪怕在一段上癮關係中，也有某些超越相互需索狀態的時刻，讓真實之光得以射入。這是當兩人的心智暫時隱退，兩人的痛苦之身處於休眠狀態的時刻，或是雙方發生肌膚之親、共同見證子女誕生、感受死亡降臨，或其中一方罹患重病的時刻。當這些事情發生，一直被心智掩蓋住的本體就會現前，而真正的交流才可能發生。

真正的交流就是融合，就是了知到一體性，就是愛。除非你能夠保持充足的臨在，讓心智和它的舊有模式無法運作，否則這種時刻通常轉瞬即逝。一旦你的心智和對心智的認同重新啟動，你就不再是你，只是自己的一個心理形象。你會配合小我玩一些角色扮演的遊戲，變成一個假裝是人的人類心智，然後與另一個心智互動，演出稱為「愛情」的戲瑪。

雖然短暫瞥見真愛是可能的，但除非你能不再與心智認同、全然地臨在，並瓦解你的痛苦之身，否則愛是無法成長苗壯的。至少，你可以持續地臨在，亦即做一個觀看者。這樣，痛苦之身將無法再擺佈你，也無法再摧殘愛。

把親密關係當成靈性修持

　　今日，意識的小我模式及其所創造的社會、政治、經濟結構，已經走到了崩潰的邊緣，而男女關係的失調正反映著全體人類所面臨的重大危機。隨著人愈來愈與心智認同，大部分的關係由於不是扎根於本體，而成為痛苦的根源，時時充滿了問題與衝突。

　　今日，數以百萬計的單身人口或單親父母，要不是無法建立親密關係，就是不願意再次投入親密關係，害怕重蹈之前瘋狂戲碼的覆轍。有的人則是換過一個接一個伴侶，經歷一次又一次地先甘後苦的循環，指望透過與另一個人的結合，達成逃避內心痛苦的目標。還有些人基於子女的安全、自己的習慣、害怕孤獨、經濟條件，甚至是想滿足無意識中對於情緒戲碼上癮的需求等等考量，寧可選擇待在一段功能失調、充滿負面性的關係裡。

　　然而，每個危機不只是危機，也蘊含了轉變的機會。如果一段關係強化了小我心智模式，並喚醒了痛苦之身，何不接納這個事實，不再千方百計想逃離它？何不乾脆與它合作，不再追求一個魅影般的理想伴侶，還以為那可以解決你所有的問題，為你帶來完整感？除非你可以承認並接納眼前的處境，否則危機所蘊含的轉機是不會顯現的。只要你繼續否認這一切，

繼續逃避，機會之窗就不會開啟，你會繼續困在情境裡、停滯不前，或是進一步惡化。

當你承認並接納眼前的一切，就會得到一定程度的自由。例如，當你知道你與伴侶的關係不和諧，並擁抱這個「了知」（knowing），這「了知」就會將一些新的因素帶進你們的關係，使不和諧的情況獲得改變。當你知道自己內心不平安，這個「了知」會創造出一個靜默空間，並以愛和溫柔來包圍你的不平安，將其轉化為內在平安。對於內在轉化，沒有什麼是你可以去做的，你無法轉化你自己，一如你無法轉化你的伴侶。唯一可做的是，創造出一個空間供轉化發生，讓恩典和愛可以進來。

所以，當你的關係出現問題，當這關係把你和伴侶逼到「瘋狂」狀態，你應該高興才是。因為這時候，無意識將被帶進光中，這是得到救贖的大好機會。每一刻，你都應該擁抱當下的「了知」，特別是你當下的內在狀態。如果你在憤怒，知道那是憤怒；如果你在嫉妒、防衛、想吵架、想爭對錯，無論是什麼，去知道那是你當下的現況。若能這樣，關係就成了你

的道場（sadhana）。如果你觀察到伴侶的無意識行為，就用你的「了知」去擁抱它們，而不是做出反應。無意識狀態與「了知」是無法長久共存的，哪怕這「了知」只存在於其中一方，而且剛好不是做出無意識行為的那一方。敵意和攻擊背後潛藏的能量，與愛的臨在絕對是彼此衝突的，所以，如果你對於伴侶的無意識行為加以反擊，你自己也將陷入無意識狀態中。不過，如果你在事後「了知」自己的反應，那也還是算數。

　　目前，人類正面臨生死存亡的巨大壓力，如果不往前演化，便可能萬劫不復。這危機將影響到你生活的每個面相，特別是影響到你的親密關係。情感關係從未像今日這樣充滿問題、衝突，如果你繼續指望透過關係找到救贖，只會一次又一次地幻滅。但如果你接納了關係是為了讓你更有意識，而非帶給你快樂，那麼這樣的關係將會帶給你救贖，而你也將會與想誕生到這世上來的、你的更高意識趨於一致。至於那些執著於舊有模式的人，他們只會經歷到愈來愈多的痛苦、暴力、困惑與瘋狂。

依你所說，要讓關係成為一種靈性練習，應該是雙方一同努力，但這似乎不容易。例如，我的伴侶總是照著舊有模式行動，充滿嫉妒心和控制欲。我向他講過很多次，但他就是看不出來。

　　你需要多少人，才能讓你的人生成為一種靈性練習呢？別在意你的伴侶是否願意配合，意識清明只能透過你來到這個世界。你想要開悟，並不需要世界或別人先變得意識清明，你若在此等待，也許一輩子都等不到。別指責伴侶的無意識行為，你一開始批評，就是與心智認同，就是站在小我的立場說話，落入小我的擺佈，自然就陷入無意識狀態。不過有時候，指出伴侶某些言行不周慮之處是恰當的，只要你非常警醒、非常臨在，小我就沒有介入的餘地，若是如此，你的意見將不帶有指責、指控或爭論對錯的意味。

　　當你的伴侶表現出無意識行為時，不要去評斷他（她）。評斷對方會把對方的無意識行為與真正的他（她）混為一談，或是把你的無意識投射到對方身上，誤以為那就是對方。不做評斷，並不是指你視而不見對方的無意識狀態，而是你「成為知道」（being the knowing）卻不再「成為反應」（being the re-action）和批判。你不再與黑暗對戰，而是把光帶了進來；你不再對幻相做出反應，你看見它，同時也看穿它。「成為知道」為愛的臨在創造了一個清淨空間，在那裡你允許一切人事物成為它們自己。沒有比這更強的意識轉化劑了，依此練習，你的伴侶將無法一邊與你生活，一邊又繼續停留在無意識狀態裡。

　　如果你們兩人都同意將關係當作一種靈性練習，那再好不過了。學習一有不滿就馬上表達或反應出來，這樣才不會製造

出時間差（time gap），讓內心沒有表達出來或不被承認的情緒擴大、惡化。學習不帶責怪地把你的感覺說出來，學習不帶防衛地聆聽伴侶說話；給予伴侶表達的空間，讓對方可以說出心裡話。如此一來，指控、防衛、攻擊就沒有存在餘地，因為這些都是小我鞏固和保護舊有模式的反應。給予對方和你自己空間非常重要，沒有空間，愛將無法繁盛滋長。當你和伴侶移除掉破壞關係的兩大因素——當痛苦之身獲得轉化，而你不再與心智認同，你將會重新感受到關係的滋潤。與其鏡照彼此的痛苦與無意識，滿足彼此小我癮頭的需求，倒不如互相輝映深存於內在的愛——這份愛來自對於萬物一體的了悟，它是沒有對立面的。

如果你已從心智中解脫，但你的伴侶仍繼續與心智及痛苦之身認同，那麼他（她）將會面臨巨大的挑戰。小我很難跟一個開悟的人一起生活，它會認為對方是一個威脅。我說過，小我需要不斷製造問題、衝突和敵人，才能強化它賴以存活的孤立感。然而，開悟的人不會去對抗對方的小我，這會讓未開悟伴侶的心智深感挫折，使其愈來愈弱，甚至有崩潰之虞；同樣的，其痛苦之身也得不到所需要的回饋（爭吵、衝突、戲劇化的反應）。不過，值得注意的是，有些人雖然一樣不會回應伴侶的情緒反應，但那卻不是因為他們已經開悟，而是出於不敏感或刻意切斷自己的感覺；他們覺得自己沒有錯，一切都是

伴侶的錯。男性比女性更容易如此,他們會認為自己的女伴不理性、情緒化。然而,如果你能去感受自己的情緒,那你離內在身體就不遠了;相反的,如果你主要是以頭腦思考,那你就跟內在身體相距甚遠了。此時,你得先意識到自己的情緒體(emotional body),才可能覺知到自己的內在身體。

　　如果你沒有感受到愛與喜悅,沒有感受到全然的臨在,對萬事萬物沒有開放的心,那你就不是真正的開悟。開悟的另一個指標是,當你遇上困難或感覺事情「出差錯」時,你會如何反應。如果你的開悟只是小我自欺的錯覺,那生命將很快就會出現挑戰,引出你的無意識狀態:恐懼、憤怒、防衛、批判、沮喪等等。如果你在一段關係中,你的伴侶很可能帶給你許多挑戰。例如,一個女人可能會碰上一個完全活在頭腦中的男人,對她的情緒無動於衷;或者,他不具有傾聽她、關注她、給她空間的能力,這些都起因於那男人臨在的缺席。相較於男方,女方在一段關係中比較容易感受到愛的匱乏,因而喚醒了女性的痛苦之身,使人做出責備、批評、爭執對錯等等攻擊行為。反過來說,這也成了男方的挑戰。他會覺得女方的攻擊莫名其妙,而更加固守自己的心理預設(mental positions),開始合理化自己、設防或予以還擊,最後可能會喚醒他自己的痛苦之身。當伴侶雙方進入這種境地,將雙雙落入更深層的無意識狀態中,不斷以情緒暴力相向,兇猛地攻擊和反擊,直到彼此

的痛苦之身都發洩夠了，才得以返回休眠狀態，等待下一次被
喚醒。

這只是無數關係戲碼中的一種。關於親密關係如何引出無
意識狀態，已有相當多的著作探討，我在此不多贅述。不過，
正如我先前說過的，你只要了解心智失調的根本原因就足夠
了，無需費事去探究其各種樣貌。

現在我扼要地整理一下上面所說的：每一次的挑戰都是獲
得救贖的契機，在心智顯現出失調的每一個階段，人都有機會
掙脫無意識狀態。例如，女人的敵意可以是一個訊號，幫助男
人走出認同心智狀態的訊號（而不是讓他更深地與心智認同、
更陷於無意識中），轉而進入當下。女人與其選擇「成為」痛
苦之身，不如成為觀看自己痛苦情緒的「了知」，透過這樣來
取用當下的力量並轉化痛苦，而不再無意識地把痛苦向外投
射。她仍可以把感受告訴男伴（當然不保證他一定會聽），因
為那是一個讓他轉向臨在，破除舊有心智模式的瘋狂迴圈的機
會。如果女人錯失了這個良機，男人也可以觀看自己面對女伴
痛苦時的情緒反應，觀看自己的防衛心態，而不是去成為「反
應」本身。然後，他應該觀察自己被觸動的痛苦之身，把意識
帶入自己的情緒中，如此一來，一個純淨和寂靜的空間就會開
啟，供純粹覺知（那「了知」、靜默的見證人、觀看者）進入本
體之內。這份覺知不會否定痛苦的存在，卻會超越痛苦；它接

納一切，又轉化一切。透過這扇打開的門，她和他不費力地在那個空間會合了。

如果你在關係中持續保持臨在，這對你的伴侶將會構成一大挑戰，因為他（她）無法長久面對你的臨在，自己卻仍處於無意識狀態。如果他（她）準備好了，就會走進你為他（她）打開的門，和你會合一起臨於當下。但如果他（她）還沒準備好，你們就會像水和油一般無法交融。對習慣了黑暗的人來說，迎向光實在太痛苦了。

女性比男性更容易開悟的原因

在開悟的過程上，男性和女性會碰到一樣的障礙嗎？

是的，但偏重的地方有所不同。一般來說，女性比較容易感受到自己的內在身體，她們比起男性天生就更接近本體，所以理論上也更容易接近開悟。這也是為什麼許多古文明都以女性化象徵，來比喻形而上的實相境界，其中又以子宮最為常見，因其孕育和滋養了萬物。深邃智慧的中國古籍《道德經》，如此形容「道」（你也大可把它譯為本體）：「周行而不殆，可以為天下母。」從此觀點看來，女人天生比男人更貼近「道」，因為她們實質上就是未顯化狀態的實體化（embody）。再者，根據

《道德經》，萬事萬物終將回歸到源頭：「萬物復歸於道，唯道固存。」正因為「源頭」被視為是女性的，在心理學和神話中，女性的原型往往被賦予光明和黑暗兩面，也就是說，女神或聖母都包含了兩個面相——她們給予生命，最後也收回生命。

　　隨著人類心智力量的高漲，失去了與自己神性本質的連結，人們開始認定神是男性的。自此，社會變成由男性主導，女性被認為是比男性次等的。

　　我並非主張要回歸古代的女神祇觀。現在有人用女神（Goddess）一詞來取代神（God），這樣雖然可以扭轉長久以來的男女失衡，但不管你以什麼字眼來表達，那都只是像地圖或路標一樣，一時間似乎管用，長期卻可能阻礙了你窺見那超越一切概念與形象的實相。然而，無可否認的是，心智的能量頻率本質上是男性的，心智喜歡抗拒、爭取主導權、操控、利用、攻擊、奪取和佔有，這就是為什麼我們在《舊約聖經》裡看到的神，像個喜歡掌控一切的家長，常常發怒，總是讓人害怕，這個神乃是人類心智的自我投射。

　　想要超越心智，想要與內在深處的本體重新連結，我們需要大不相同的特質：臣服、不評斷，允許萬物如實存在的開放心胸（而非抗拒），用充滿愛的「了知」去擁抱一切的能力，以上這些都跟女性特質高度相關。心智的能量強硬又僵化，本體的能量卻柔軟而謙退，它比心智能量要強上無限倍。心智支配

了我們的文明，本體則會負責照料所有地球上甚至全宇宙的生命。本體是至高無上的「智性」，宇宙便是它肉眼可見的顯現。雖然本質上，女性要比男性更接近本體，但男性同樣可以往內尋求到本體的。

　　當前，大多數世間男女仍受制於心智，誤把「思考者」與痛苦之身當成自己，這阻礙了開悟和愛的來臨。一般說來，男性面對的最大障礙是心智思考，女性則是痛苦之身；當然，也有些人是剛好相反，或者兩種障礙皆有。

瓦 解 女 性 集 體 的 痛 苦 之 身

為什麼痛苦之身對女性造成較大的障礙呢？

　　痛苦之身通常分為集體和個人兩種面向。個人的痛苦之身，是由個人長久累積的情緒痛苦所形成；集體的痛苦之身，則是由世間千百年來累積的疾病、折磨、戰爭、謀殺、殘酷、瘋狂而形成。個人的痛苦之身內也摻雜了集體的痛苦之身，例如：經歷憂患苦難的國家或民族，其背負的集體痛苦之身往往更為沉重。任何有強烈痛苦之身、意識卻不夠清明的人，時不時都處在想宣洩自己情緒痛苦的無意識狀態中，往往容易成為暴力的施加者或受害人（是加害者或受害者，端視其痛苦之身

處於活躍還是休眠狀態而定）；但相對的，他們也更具有開悟的潛力。當然，這樣的潛能未必會實現，只不過被困在惡夢裡的人，總是比其他人更具足衝出惡夢的動機。

除了個人的痛苦之身之外，意識不夠清明的女人之間，也共享著一個女性集體的痛苦之身。這個女性痛苦之身是歷經幾千年的痛苦積聚而成的，部分來自於男性對女性的壓制、奴役、剝削、強暴，部分來自於分娩、喪子等創痛。許多女性在生理期前後感受到的情緒痛苦、生理痛苦，就是集體痛苦之身被喚醒所致（還有其他一些時機也可能喚醒它），它阻礙了生命能量在身體內部自由流動，而月經正是其生理上的表徵。我們可視之為契機，一個讓人邁向開悟的契機。

這段期間，女性常常會被痛苦之身「占據」（taken over）。那是一種極為強烈的能量，輕易就可以讓人無意識地與它認同。它占據了妳的內在空間，偽裝成妳自己。它透過妳說話，透過妳行動，透過妳思考。它會在妳的生活中製造一些不快樂，藉此從中吸取能量。它渴求更多的痛苦，任何形式的痛苦都可以，我前面已描寫過這樣的過程。它邪惡而具破壞性，它是純粹的痛苦、過去的痛苦，但它絕對不是妳。

目前，意識接近全然清明的女性人數已超越男性，展望未來，她們的人數將愈來愈多。也許最終男性會後來居上也說不定，但未來一段很長的時間裡，兩性之間的落差仍會很大。

女性正重拾起她們與生俱來的任務（function），那些對女性來說，運作起來比男性更為自然的任務：扮演已顯化世界與未顯化狀態之間的橋樑，扮演肉體向度與靈性向度的中介。當前，妳作為一個女人的首要之務，就是轉化自己的痛苦之身，讓它不再橫亙於妳和妳的真我之間。當然，妳也必須排除另一個開悟的障礙，那就是心智思考。只不過，妳瓦解痛苦之身而進入的強烈臨在狀態，同時可以幫助妳從對心智的認同中解脫。

　　第一件該記住的事就是：妳若想透過痛苦來建立自己的身分認同，妳就永遠不可能瓦解痛苦之身了。就算只有部分的自我感來自於痛苦的情緒，妳還是會無意識地去抵抗或破壞療癒的企圖。為什麼呢？因為妳想保持自我完整，然而痛苦卻已成為「妳」不可分割的一部分。這是個無意識的過程，唯一克服的方法是，讓自己覺知到這個過程。

　　頓悟到自己竟然執著於痛苦，可能會讓妳大吃一驚。然而，妳在覺知到這點的同時，就掙脫了這份執著。痛苦之身是一個能量場，它看似一個實體，會暫時寄居於妳的內在空間。那是一種被困住的生命能量，一種不再自由流淌的能量；它之所以存在，乃是拜某些過去發生的事所賜。它是妳內活生生的過去，妳認同它，就等於認同於過去。所謂的「受害者認同」（victim identity）就是：妳相信過去比現在更有力量，而這完全跟真理背道而馳。此一信念反映出：妳覺得其他人必須為你

的現況負責，要不是他們過去曾對妳做過什麼，妳不會淪落至現在的情緒痛苦中，而早就可以活出真實的自己了。但事實上，唯一有力量的時刻只有當下。一旦妳明白到這一點，就會了悟：真正該為自己內在空間負責的人是妳，不是其他人，因為過去的力量永遠不可能凌駕當下的力量。

　　所以，認同於過去使你無法瓦解自己的痛苦之身。如今，有些女人已開始覺醒，她們拋棄了個人的受害者認同，不過卻繼續執著於集體的受害者認同。「你看看男人都對女人做了些什麼！」她們說，不過她們是對的，也是錯的。她們是對的，因為女性集體的痛苦之身，確實是男性幾千年來暴力對待和壓制女性特質的結果；她們也是錯的，因為她們從這事實上建立起一種身分認同，讓自己繼續被禁錮在集體的受害者認同裡。如果一個女人繼續留在憤怒、埋怨和責難之中，她將停滯在自己的痛苦之身裡，這也許能帶給她一個穩固的自我感，一種與其他女人緊密相連的感受，但也會使她受制於過去，阻斷了進入本質與真實力量的途徑。女人若把男人視為假想敵，她們的孤立感只會愈來愈強，而小我愈來愈壯大。小我愈壯大，妳就

離真實的自己愈遠了。

所以，不要用痛苦之身去建立自我認同，反而應該用它來通往開悟之境、轉化意識，其中一個最好的時機就是月經期間。我相信未來幾年，一定會有愈來愈多的女人，在月經期間進入全然覺知的狀態。通常，對多數女性來說，那是一段無意識的時刻，是被女性集體的痛苦之身占據的時刻。一旦妳的意識提升到一定的清明狀態，就可能反轉情勢：妳在月經期間不再是無意識的，反倒意識更加清明。這樣的過程，我先前談過，但在這裡不妨再說一次，只是這次我將偏重於女性集體的痛苦之身。

當妳知道月經快臨近（通常稱為經前緊張症候群），在感受到月經的第一個徵兆之前（也就是女性集體的痛苦之身即將甦醒之前），妳應該處於非常警醒的狀態，盡可能全然安住在身體裡面。然後，當月經的第一個徵兆出現時，妳要馬上「逮住」它，在它占據妳之前就先把它逮個正著。你感受到的可能是一種突然來襲、強烈的憤怒，也可能是一種生理徵狀，不管那是什麼，都要記得在它擺佈妳的思維或行為前先逮住它，將注意力聚焦在它上面。如果那徵兆是一種情緒，就盡量去感覺它背後的強烈能量，去成為「了知」本身──覺知到妳意識的臨在，並感受那臨在的能量。當妳進入臨在之中，任何情緒都會迅速消退並獲得轉化。如果那徵兆是一種生理徵狀，一樣專

注於它,這可以避免它轉化為情緒或思維。接下來,繼續保持警醒,等待痛苦之身的下一個徵兆出現。一旦出現,依照前述方法再次把它逮住。

之後,當痛苦之身完全從休眠狀態甦醒時,你可能會經歷到內在空間的強烈動盪(turbulence),這將持續一陣子甚至幾天。但不論呈現的形式為何,要記得保持臨在,聚精會神地觀看妳的內在動盪,成為「了知」本身,「了知」正在那裡發生的一切就好。記住,千萬別讓痛苦之身支配妳的心智、占據妳的思考。純然觀看妳內的痛苦之身,直接去感受它的能量。如你已知,全然的專注意味著全然的接納。

透過持續的關注和接納,轉化自然就會發生。痛苦之身將被轉化為散發光芒的意識,這就好比把一塊木頭放入火裡或接近火源,它就會轉化成火。如此,經期對女人而言,將不只是一種對女性身分(womanhood)的喜悅表達,也是孕育新意識的神聖轉化時刻。妳的真實本質將光芒四射,它既是神的女性特質面向,也是超越了男女二元性的神性本體。

如果妳的伴侶意識夠清明,他就可以運用我剛才說的方法幫助妳。就算妳陷入對痛苦之身的無意識認同,只要他能夠保持臨在,妳將很快再次與他一起進入臨在狀態。這表示,即使妳的痛苦之身暫時控制了妳,無論是在生理期或其他時候,妳的伴侶都不會誤把它當成妳。即使妳的痛苦之身對他施加攻

擊，他也不會對此做出反應：冷淡退縮，或是擺出防衛姿態。他會全然安住於臨在的空間──如果有誰想要轉化無意識，這樣做就足夠了。反過來說，妳同樣也可以幫助他：每當他認同於自己的思維，就把他拉回來，讓他專注於此時此地，讓他可以從心智手中奪回自己的意識。

如此一來，一個純粹、高頻率的能量場就會在你們之間升起，並恆久存在。在這個能量場裡，沒有幻相、沒有痛苦、沒有衝突、沒有不是妳的東西、沒有不是愛的東西可以容身。這就是神性（the divine）的自我實現，是妳所有關係的終極目的。那將形成一個意識的漩渦（vortex），把更多的人吸引過來。

放下你與自己的關係

當一個人意識完全清明，他還需要伴侶嗎？這時，男人還會被女人吸引，或女人還會覺得少不了男人嗎？

不論開悟與否，你要不是一個男人就是一個女人。換言

之，從形相層次看來，完整對你來說是永不可得的。你只能是整體的一半，這種不完整性就是男女互相吸引的原因。所以無論意識有多清明，還是會受到異性能量的極大吸引，只不過你如果能與本體相連結，這樣的吸引力頂多只會在你人生的表層或邊緣起作用。對你而言，整個世界就像是浩瀚海洋表面掀起的浪花或漣漪。而你就是那海洋，你也是那漣漪，不同的是，你已知道這個事實了，所以與深邃的海洋相比，這世界所顯現的浪花或漣漪便不再重要了。

但這並不表示，你與他人或伴侶之間無法進行深刻的連結。事實上，唯有你先覺知到本體，你與他人的關係才可能深化。來自本體的你，可以掀開形相所披覆的薄紗，在本體中，男性女性根本是一體的。你的形體也許還會有所需求，但本體卻不會，它本身已經圓滿具足了。如果你的外在需求獲得了滿足，那固然很好，但不論你的需求是否被滿足，你深層的內在狀態都不會因而有所增減。所以，對一個開悟的人來說，儘管他（她）在外在層次上，因異性相吸的需求沒有獲得滿足，而感到一種匱乏和不完整感（這是有可能發生的），然而在內在層次上，他（她）卻可以同時感受到全然的完整、圓滿與平安。

同性戀傾向對於尋求開悟的人來說，是助力還是阻力，還是毫無差別？

當你逐漸長大，發現自己的性傾向和別人「不同」時，也許會迫使你不與社會價值觀與行為準則認同。這會自動提升你的意識層次，讓你比一般人更可能意識到集體無意識。社會上大部分的人，都毫無疑問地接受了這些價值觀和行為準則。就此而言，同性戀傾向是一種助力——因為與社會格格不入，活得比較辛苦，反而有利於邁向開悟之境。它幾乎是以一股強大的拉力，把你強拉出無意識狀態。

但是另一方面，如果你把同性戀傾向當成了自我認同的基礎，那你不啻是逃出了一個陷阱，卻又掉入另一個。你會依照心智指派給你的同性戀角色去思考、行事，再度變得無意識，變得不真實。藏在小我面具背後的你，會活得很不快樂。若是如此，就表示同性戀傾向對你反而構成了阻力。但你是有機會的，極度不快樂本身就是催人覺醒的莫大助力。

是不是說，人需要先愛自己，先與自己建立良好關係，才能與他人建立良好關係？

如果你獨處時感到不自在，很自然會想找個伴，排解這樣的不自在。但我可以保證，你的不自在遲早會以另一個形式捲土重來，而且你多半會將造成不自在的原因歸咎給你的伴侶。你真正需要的是：全然接納當下此刻。這樣，你將對此時此地

感到自在，對自己感到自在。

你需要與自己建立良好關係嗎？何不做你自己（be yourself）就好？當你試圖與自己建立關係，就是把自己一分為二，分成了「我」（I）與「我自己」（myself）、主體與客體。心智創造的二元對立是種種煩惱與衝突的根源，在開悟狀態中，你就是你自己，「你」與「你自己」是合而為一的，此時，你不會評斷自己、不會自傲、不會愛自己或恨自己。那個由自我反映意識（self-reflective consciousness）造成的二元分裂將會癒合，其所伴隨的詛咒也將化解。你不再有所謂的「自己」需要去保護、防衛或餵養了。當你真正開悟，你將不再擁有你與自己的關係。一旦你放下了這個關係，所有其他的關係都將成為愛的關係。

第九章

超越快樂與不快樂，
邁向平安之境

超越二元對立的更高的善

快樂與內在平安不一樣嗎？

　　是的，快樂需要取決於正面的情境（positive conditions），
內在平安則不需要。

我們有可能只吸引到正面的情境嗎？我是說，如果我們的
態度和思維總是正面的，就會顯化出正面的事件和處境？

　　你真的知道什麼是正面的，什麼是負面的嗎？你有一雙能
綜觀全局的眼睛嗎？很多碰到負面情境的人（不論是什麼形式

的局限、失敗、損失、疾病或痛苦），到頭來卻發現，那些事竟是成就他們最多的老師——教他們放掉虛幻的自我形象，放掉驅使自己追逐各種目標、欲望的小我。負面情境為他們帶來深度、人性和同理心，讓他們變得更為真實。

　　不論發生了怎樣負面的事情，其中必有一份功課等著你去學習，哪怕事發當時你並不知道那是什麼。即使是一場小病或交通事故，都可以教你知道，什麼是真實的、什麼不是，什麼是對你的人生來說真正重要的、什麼不是。

　　從更高的視野看來，所有的情境都是正面的。更精確地說，情境沒有分成正面或負面，只是如其所是。當你能夠接納一切本然，以此唯一意識清明的方式生活，你人生之中善與惡便不復存在，只剩下「更高的善」（higher good），當然「更高的善」之內也包含了所謂的「惡」。心智不會如此看待眼前的情境，它總是帶著有色眼鏡，把事情劃分為禍福、好惡、愛恨。根據《創世記》記載，亞當和夏娃不被允許留在「樂園」裡，就是因為他們吃了「知識善惡樹上的果子」，開始懂得分辨善惡。

這聽起來像是一種逃避心態或自欺欺人。當某些可怕的事，像是意外事故、疾病、死亡發生在我或親近的人身上時，怎麼可能假裝它不是壞事？為什麼要去否認呢？

　　你沒有在假裝任何事，你只是允許一切如其所是，只是這
樣而已。允許一切發生的態度，會帶你超越心智的抗拒模式，
不再創造出二元對立的思維，這是寬恕（forgiveness）最基本
的部分。寬恕當下比寬恕過去更重要，如果你可以寬恕每一個
當下，讓它如其所是，那你就不會累積一些日後需要寬恕的怨
恨。

　　要記住，我們在這裡談的不是快樂。例如，如果你摯愛的
親人剛剛死去，或你感覺死亡正在逼近，你一定快樂不起來
的。這些情況下，沒有人可能是快樂的，但在這些時刻，你卻
可以保有內在平安。你也許還是會憂愁和流淚，但只要你不再
抗拒，在憂愁底下便會浮現深深的寂靜及神聖的臨在。那是本
體的流露，是一種內在的平安，是沒有對立面的「善」。

**在那樣的情況下，要是我可以做些什麼來改善情況呢？我
怎麼可能一邊允許它發生，又一邊想去改變它呢？**

　　做你必須做的事，同時允許事情如實發生。心智與抗拒是
同義詞，你愈快接納情境，就愈快可以擺脫心智的支配，與本
體重新連結。這樣一來，導致小我習慣要去「做點什麼」的動機
（如恐懼、貪婪、控制欲及防衛心），就不會升起了。此時，比
心智更高的「智性」將接管一切，使你採取的行動也更為有效。

「接納你生命中的所有插曲，還有什麼比這更符合你之所需？」兩千年前，奧勒留（Marcus Aurelius）[17] 如是說過，他是史上罕見既擁有世俗權力又擁有智慧的人。

大部分的人似乎都需要經歷重大痛苦後，才能夠放下抗拒、學會接納，從而學會寬恕。一旦他們這麼做，最不可思議的奇蹟就會發生——本體意識將透過這些「壞事」覺醒過來，將苦難轉化為內在平安。世間的禍事與苦難終將迫使人意識到，自己的本質是超越名字和形相的，那些在狹隘眼光中認定的壞事，實際上乃是沒有對立面「更高的善」的一部分。不過，在你尚未寬恕以前，這樣的轉化並不會降臨。在那之前，禍事不會有所轉化，它對你而言始終只是禍事。

所謂寬恕，就是認清了過去的虛妄不實（insubstantiality），並允許當下此刻如其所是。透過寬恕，轉化的奇蹟將不只發生於外在，也會發生於內在。一個強烈臨在的寂靜空間，將會在你內和你的四周展現，而進入這一意識場的人事物，無一不會受其影響。這影響有時立即可見，有時則不那麼明顯，要待日後才有看得見的改變發生。你不需要「做」任何事，只要全然地「在」（being）、保持強烈的臨在頻率，便足以瓦解一切混亂，療癒痛苦和驅散無意識狀態了。

17　譯註：羅馬皇帝、斯多噶派哲學家，著有《沉思錄》。

∫

終結你的人生戲碼

即使處於接納一切的內在平安狀態，不把任何事看成「壞事」，但是從普通意識的角度看來，「壞事」仍有可能降臨在我頭上，不是嗎？

所謂的「壞事」，大部分都是因為人活在無意識狀態中而引發的。那是你自己創造出來的，更精確地說，禍事是小我製造出來的，我有時會稱這些事為「人生戲碼」。當你的意識完全清明，這些戲碼就無法進入你的生活。接下來，我想扼要地提醒你一下，小我是如何運作的，以及它如何打造出「人生戲碼」。

小我是未經觀察的心智，只要你離開了觀照者的臨在狀態，小我就會趁機支配你的生活。小我視自己為孤立的碎片，住在一個充滿敵意的宇宙裡，它與其他事物沒有真實的內在連結，而被許多其他的小我圍繞著，它要不是把身邊的小我當成潛在威脅，就是當成達到目的的工具。小我的基本模式，是設計來對付自己的深層恐懼和匱乏感的，這些基本模式包括：抗拒、控制欲、爭權、貪婪、防衛和攻擊。小我的某些策略極端

高明，可惜從來不能真正解決任何問題，因為所有問題的根源就是小我自己。

當小我聚在一起（不論是人際關係或團體組織），「壞事」或人生戲碼遲早都要上演，人生戲碼的形式可能包括：衝突、權力鬥爭、情緒暴力和肢體暴力等等，也包括了戰爭、種族屠殺、剝削等等集體無意識引發的壞事。另外，許多的疾病也是由小我持續的抗拒所引起，因為每當你抗拒當下，就限制了能量的自由流動，導致體內能量阻塞。所以，當你與本體重新連結，不再受心智支配時，就是在停止製造更多的壞事，而你所打造或參與其中的人生戲碼也將從此落幕。

只要兩個以上的小我聚在一起，就足以演出一齣人生戲碼了。即便是孤單一人，同樣也能自導自演。當你為自己感到遺憾、抱歉，那便是戲；當你感到內疚或焦慮，那也是戲；當你任由過去或未來模糊了現在，當你創造出了「心理時間」，一場一場的戲於焉上演。只要你不珍視當下此刻，不允許它如其所是，你就是在編寫一齣齣的人生戲碼。

大部分的人對於自己的獨特戲碼都愛不釋手，這些人生故事變成了他們的身分認同。小我藉此支配他們的人生，他們卻把全部的自我感都投資在小我上，希望尋得人生的答案、解決方法或任何療癒之道，最後才發現往往行不通，因為這些也是小我運作的一部分。事實上，他們最害怕和抗拒的就是這些戲

碼的終結。也就是說，只要人們繼續與心智認同，他們最害怕和抗拒的勢必是自我的覺醒。

　　當你完全接納事物的本然，你就終結了人生中的所有戲碼。那時，甚至沒人能跟你產生爭執，無論他（她）多麼努力也沒有用。一個意識完全清明的人，不可能與別人爭論什麼。爭論意味著你對心智和某種心理狀態的認同，你在抗拒或對某人的立場做出反應，結果是對立的兩極彼此耗損能量，這是無意識狀態的機制所在。如果你的意識完全清明，自然就不會隨對方起舞，你同樣能持有自己的主張，可以堅定且清楚地表達自己的想法，但是你不會再自我防衛或攻擊別人。你的表達將不會淪為一齣人生戲碼，當你意識完全清明，衝突就不復存在。《奇蹟課程》說：「衝突對身心統一的人是不可思議的事。」[18] 這裡所說的「衝突」，不只是你與他人的衝突，還有一種更為基本的、你與自己的衝突。一旦心智和本然之間的需求與期待不再相互牴觸，那麼你的內在也將不再產生任何衝突了。

18　編註：摘自《奇蹟課程》〈教師指南〉的「上主之師的人格特質：真誠」部分。

無 常 和 生 命 週 期

只要你還活在形體的向度，與人類集體心智還有所連結，那麼就算機率不大，你仍有可能繼續感受到生理上的痛苦。請不要把它與苦（suffering）搞混，苦指的是心理上、情緒上的痛苦。所有的苦都是小我創造出來的，都是因為有所抗拒。只要你還活在這個向度中，你就會受到興衰循環和萬物無常的法則影響，只不過，你不再視它們為「壞事」，你知道它們只是事物的本然。

一旦你允許萬事萬物以本然樣貌（isness）呈現，一個更深的向度就會向你打開：你的內心將會感受到永恆的臨在、不變動的默觀、超越好壞的無條件喜悅，這就是本體所帶來的喜悅，神所恩賜的平安。

在形相的層次，事物總是有生有滅、有興有衰。無常的現象幾乎隨處可見，舉凡星球、身體、樹木、花草、國家、政治體系、文明等等，都有其從興起到衰亡的生命週期，個人的生命也一樣，無可避免地經歷著從得到失的週期。

當你的人生處於成功的週期，一切都如你所願；當你的人生處於失敗的週期，你則變得諸事不順。在不順遂的時期裡，你必須學習放手，這樣才能騰出空間讓新的事物得以來到，讓轉變得以發生。如果你執著於某一個週期，表示你在抗拒隨順

生命之流而行，如此痛苦就產生了。

　　其實，向上的週期（up cycle）不一定是「好事」，向下的週期（down cycle）也不一定是「壞事」，認定此好彼壞只是心智的習慣。我們總認為成長是好事，但沒有任何事物是可以永遠成長下去的。不管任何事物，若無限度成長終將變得畸形，並深具破壞力。必需的衰退是為了再度成長，這兩者是相生相成的。

　　對於靈性的開展而言，向下的週期是非常必要的。你必須在某個程度上經歷過重大的失敗，或深刻體驗過失落感或痛苦，最後才會被引領到靈性的向度。或許你的人生看似非常成功，內在的向度卻毫無成長，這迫使你感覺到成功的虛妄和無意義，其實跟失敗沒有兩樣。每個成功的背後都隱藏著失敗，一如每個失敗的背後也都隱藏著成功。當然，在這個世界上，每個人遲早都會「失敗」的，每一種成就最後都灰飛煙滅，沒有什麼是恆久不變的。

　　在這世上，你仍然可以活得積極、充滿活力，好好享受顯化和創造新事物的樂趣，只不過，你不再與它們認同了，不再用它們來構築你的自我感。你已明白，它們不是你的生命本身，只是你的人生處境。

　　你的身體能量狀態也一樣受到生命週期的影響。你的能量不可能永遠處於巔峰，它有高潮也有低潮。有些時候，你會感

到活力充沛；有些時候，卻會感到欲振乏力，什麼事都懶得做。一個週期可能短則幾個小時、長則數年不等，大的週期裡又包含了許多小的週期。許多疾病之所以產生，都是因為人們抗拒能量的低潮期，那是能量再生必經的過程。如果人們總是以外在事物來衡量自己的價值，就會像罹患強迫症一樣，找事情讓自己忙個不停。凡是與心智認同的人，無可避免會落入這種幻相的追逐中。接受能量的低潮期並允許它如其所是，對他們來說顯得困難而不可行。然而，為了保護你、讓你休息，身體這個有「智性」的有機體會創造出疾病，強迫你停下來，好讓下一階段的能量再生得以發生。

　　宇宙的興衰本質與萬物的變動不居息息相關，佛陀以此作為其教導的核心。正如佛陀所指出的，所有情境都是不穩定且不停變化的，無常正是人生處境的特質。世事會變化、會消失，變得不再能滿足你。無常也是耶穌教導的核心：「不要為自己積攢財寶在地上，地上有蟲子咬，能鏽壞，也有賊挖窟窿來偷。」[19]

　　凡是你的心智判斷為「好」的情境，無論是一段關係、財產、社會角色、一個地方或你的身體，心智就會執著其中，並與之認同。那樣的情境會讓你快樂，讓你自我感覺良好，還會

19　編註：摘自《新約》〈馬太福音〉第六章第十九節。

成為你界定自己是誰的一部分（至少你這樣認為）。但是，在這個有蟲子咬、會鏽壞的向度裡，沒有什麼是永久不變的，凡事最終不是結束就是改變，甚或完全反轉。讓你感到快樂的相同情境，突然或漸漸也會讓你感到不快樂。今日的榮景變成了明日的荒蕪，快樂的婚禮和蜜月期變成了不快樂的婚姻或離婚收場。某些情境的結束讓你很不快樂，因為心智無法接受它執著的東西消失或改變，它依戀不捨、抗拒變化，覺得自己猶如被扯下手腳。

　　有些時候，我們會聽到一些破產或身敗名裂的人以自殺結束生命，這些都是極端的例子；更多時候，經歷重大失落感的人只是變得極不快樂或導致疾病，他們無法區分人生與人生處境的不同。最近，有位知名女明星逝世，享年八十多歲，聽說她生前因為年華老去、美貌不再，變得極不快樂，足不出戶。她誤將外在容貌此一人生處境等同於自己，一開始，她的外貌的確帶給她快樂，之後卻成為她不快樂的原因。如果她與無形無相、無時間性的內在生命相連結，就可以進入一個寧靜平安的空間，去觀看自己外在形相的衰老，允許它如實發生，那麼她的外在形相將逐漸轉為透明，讓內在無年齡性（ageless）的真實本質透過她綻放光芒，如此一來，她的美將不會真正褪去，而是轉化成了一種靈性的美。可惜，沒有人告訴她這是可行的，關於上述這些重要的知識，迄今尚未廣為人知。

§

　佛陀曾說，即使你的快樂也是苦（dukkha）。dukkha是巴利文，意思是「受苦」或「不知足」。快樂和它的對立面是不可分的，換言之，你的快樂與不快樂事實上是同一件事，只有落入時間幻相的人，才會以為它們是分開的。

　這不是一種消極心態，而是認清了事物的本質，好讓你不用一輩子都在追逐這樣的幻相。這並不是說，你不應該去欣賞美好的事物或處境，只是如果你想透過它們，去尋得它們所不能給你的東西——一個身分認同、一種恆久的滿足感，那就是在自討苦吃。一旦所有人都開悟了，不再企圖透過事物建立起身分認同，那麼廣告業與消費社會都將因而崩解。你愈想透過物質尋求快樂，快樂就離你愈遠。物質只能帶給你短暫膚淺的滿足，不過一般人都需了解這道理後，才能大徹大悟。事物與情境可以帶給你歡愉（pleasure），卻無法帶給你喜悅（joy）。沒有任何事物可以給予你喜悅，喜悅是沒有原由的，它只能從本體的喜悅裡自然升起。喜悅是內在平安的主要部分，那種境界是我們所謂的「神的平安」（the peace of God）。這是你的自然狀態，無需辛苦爭取或努力達到。

　很多人不明白，「救贖」並不在他們所做的事、擁有之物

或達成的目標之中。然而，明白這道理的人，往往又容易變得厭世或憂鬱，他們認為既然救贖不可「得」，那一切努力又有什麼意義呢？《舊約聖經》中的先知顯然就是這樣的人，所以才說：「我見日光之下所做的一切事都是虛空，都是捕風。」[20]當你領悟到這一點時，你離絕望只有一步之遙，離開悟也只有一步之遙。

　　一位佛教僧侶曾告訴我：「出家二十年，我學到的事情可以用一句話總結：有生必有滅。這是我非常確定的事。」他的意思當然是說，他學會了不去抗拒事物的本然，學會讓當下此刻如實呈現，接受萬事萬物的無常性質，並由此找到了內在平安。

　　只要不去抗拒生命，就能活在輕鬆自在的恩典狀態（a state of grace）裡。這種狀態不再依賴外物必須以特定方式呈現，才能稱得上好或壞。這也許聽起來很弔詭，但是當你對外在形相的內在依賴消失之後，你大致的人生處境（也就是外在形相）都會獲得改善。你本來認為會帶給你快樂的人事物，將會毫不費力地來到你身邊，而你也可以在它們消失之前盡情享受和珍惜了。當然，一切最終都會逝去，生命的週期週而復始。但當你的依賴感、執著心不復存在，你就再也不恐懼失去了。生命從此自在流動起來。

20　編註：摘自《舊約》〈傳道書〉第一章第十四節。

從二手源頭得到的快樂不可能是深刻的，那只是本體的喜悅的蒼白倒影。當你進入無所抗拒的狀態，你會在你內找到活生生的平安。本體將帶著你超越心智的二元對立傾向，讓你從對形相的依賴中解脫出來。就算一切身外之物終將分崩離析，你內在深處的平安依然不動如山。你也許不快樂，但你的心仍是平安的。

使用與清除負面心態

所有對於當下的內在抗拒，都會以某種負面的形式展現出來。負面性（negativity）本身即是抗拒。在這個脈絡裡，抗拒和負面性幾乎可說是同義詞。從不悅、不耐煩到爆怒，從憂鬱、埋怨到絕望得想自殺，全都是負面性的展現。有時候，抗拒會勾起情緒性的痛苦之身，一些微不足道的小事也能引起激烈的負面性，像是憤怒、沮喪或深深的悲傷。

小我相信，它可以透過負面性掌控全局，得到想要的東西。它相信，負面性可以吸引來它期待的情境，或擺脫掉討厭的情境。《奇蹟課程》準確地指出，每當你不快樂，其實是無

意識地相信著，這不快樂可以為你「贏得」自己想要之物。[21]如果「你」（即心智）不相信不快樂的作用，又何必製造它呢？事實上，負面性是沒有任何用處的，不只無法改善你的處境，還會讓那處境變得更糟糕；你不只無法擺脫掉討厭的情境，反而會讓那情境維持不變。負面性唯一的「用處」只是強化小我，這也是小我深愛此道的原因。

　　一旦你認同了某種形式的負面性，你不會願意放手的，而且在深度無意識的層面，你根本不希望有任何正面的改變發生。因為一旦情境轉好了，將會威脅到你作為一個沮喪、易怒、遭到不公平對待之人的自我認同，所以，你一定會漠視、否定，甚至破壞你人生中的正面改變。這種現象相當普遍，真令人匪夷所思。

　　負面性是完全違背自然的，是一種精神上的汙染源。大自然會受到毒害和破壞，與人類集體心智累積了大量的負面性息息相關。地球上除了人類之外，沒有其他生命形式知道什麼是負面性，一如沒有其他生命形式會去荼毒賴以生存的地球。你可曾見過一朵不快樂的花，或一棵情緒緊繃的橡樹嗎？你可曾遇過一隻沮喪的海豚、一隻有自尊問題的青蛙、一隻不懂得放鬆的貓，或一隻心懷怨恨的小鳥？唯一會經驗到或表現出類似

21　編註：摘自《奇蹟課程》〈學員練習手冊〉第一百零二課。

負面性的動物，是那些與人類緊密接觸的寵物，而牠們之所以會如此，都是受到了人類瘋狂心智的影響。

去觀察任何植物和動物，讓牠們教導你如何學習接納本然、臣服當下，讓牠們教導你何謂本體，何謂身心統一（integrity）——那意味著成為一、成為你自己、成為真實的，讓它們教導你怎樣生、怎樣死、怎樣不把生死當成問題。

我曾和幾位禪師住在一起——牠們全是貓咪。就連鴨子也教過我重要的靈性課程，光是觀看著牠們就是一種禪修了。鴨子滑水時是何等自在，何等全然臨於當下；儘管牠們偶爾也會打架，有時是因為一隻侵犯了另一隻的地盤，有時則沒有任何明顯的原因。牠們打架總是只維持幾秒鐘，然後兩隻鴨子就會分開，朝相反的方向游去，一邊滑水一邊猛力拍打翅膀好幾下。第一次觀察到這種現象時，我忽然領悟到：牠們拍打翅膀，是為了釋放過多的能量，讓這些能量不會停留在體內形成負面性。這是一種自然而然的智慧，對鴨子來說，擁有這種智慧輕而易舉，因為牠們不受心智的束縛，不會讓不必要的過去存留下來，並以此來建構自我認同。

負面情緒會不會也帶有一些重要信息？例如，如果我感到憂鬱，那也許是我生活有哪裡不對勁的訊號，憂鬱使我注意到這件事，讓我去尋求解決和改變。所以我應該要聆聽

情緒，不能因為它是負面的，就忽略了它。

是的，反覆出現的負面情緒就像疾病一樣，有時候會為你帶來某種信息。但是，不論你對你的工作、關係或周遭環境做出什麼改變，除非是從意識的層次出發，否則都是徒勞無功的。關於改變，你需要做的只是變得更臨於當下。當你進入一定程度的臨在狀態，就不需要倚靠負面性來傳遞你所需要知道的信息了。不過，每當負面性一出現，你可以把它視為提醒自己要更充分臨在的訊號。

我們怎樣才能阻止負面性升起呢？怎樣才能在它一出現時，就把它清除掉呢？

我說過，阻止它升起的方法就是全然臨於當下。不過，你不必為了做不到而氣餒。目前，世上能保持臨在狀態的人寥寥無幾。不過，我相信在不久的將來，這樣的人會愈來愈多。

每當你注意到，你裡面有某種形式的負面性出現了，不要認為自己又失敗了，而該視之為一個有利的訊號，提醒著你：「醒過來吧，跳脫你的心智，臨於當下。」

英國作家赫胥黎（Aldous Huxley）曾寫過一本小說《島》（*Island*），那是他晚年開始對靈修感興趣時所寫下的。故事講述

一個人因為船難，流落荒島，遠離文明世界。這個荒島有自己獨特的文化，最不尋常之處是所有居民的意識都非常清明。男主角第一件注意到的事，就是一些色彩斑斕的鸚鵡老在樹上說著同樣的話：「注意，此時此地。注意，此時此地。」後來他才知道，那是島民教鸚鵡說的，好讓他們時刻記得要臨於當下。

所以，當有任何負面性在你內心升起時（不管它是被外在因素或內在想法所觸動，甚或不明原因引起的），只管凝視它，並對自己說：「注意，此時此地。醒過來吧。」就連最輕微的怒意，也是你必須去承認和觀察的，否則，它將在無意識狀態下積少成多。誠如我前面說的，你必須先了知到自己不想要這個負面的內在能量場，了知到它毫無用處，你才會具備脫離它的能力。但務必要徹底脫離，如果你做不到，那就接受它的本然，把你的注意力放在它帶給你的感受上。這一點，我稍後再多作說明。

另一個擺脫負面反應的方法是，想像你自己變成透明人，讓那些不愉快的事無法刺激你做出反應。剛開始時，你可以先拿一些瑣碎的小事來做練習。例如，你原本安靜地坐在家裡，突然間，對面街道的汽車響起刺耳的防盜警鳴聲，這讓你微微惱怒。這個惱怒有什麼目的？沒有。那你為什麼要創造它？你沒有創造它，是心智創造的，它是自動升起、完全無意識的產物。那心智為什麼要創造它？因為心智相信，抗拒（這抗拒在

你身上以某種不快樂或負面性展現）可以擺脫掉討厭的情境。這當然只是一個錯覺，事實上，心智的抗拒（以不悅或憤怒展現）比它想擺脫的討厭情境本身，更令人困擾。

這類日常生活小事都可以作為靈性練習，如前所述：想像自己變成透明人，不具任何形體，然後允許引起你負面反應的噪音穿透你而過，它將不會在你內碰到任何一面「牆」。我剛說過，一開始使用這方法時，應以瑣碎小事作為練習對象，例如：汽車防盜警鳴聲、狗吠聲、嬰兒哭鬧聲、塞車等等情境，都很適合拿來練習。與其豎起一面抗拒的「牆」，讓你不斷被討厭的事物擊中、擊痛，倒不如讓一切「不該發生」（should not be happening）的事穿透你而過，不做任何停留。

如果有人對你說了無禮或傷人的話，同樣適用於這個方法。與其落入無意識的反應或負面性（如攻擊、防衛或冷漠疏離），不如想像自己變成透明人，讓那些話穿透你而消散。不去抗拒什麼，就好像沒有誰會受到傷害一樣，這就是寬恕。若能如此，你就變得百害不侵了。如果需要的話，你當然可以告訴對方，他（她）的言行是不恰當的；但不論如何，對方再也沒有支配你內在狀態的力量了。決定權掌握在你的手中，不在其他人手中，同時你也不再受到心智的掌控。不論是面對汽車的防盜警鳴聲、粗魯的對待、大洪水、地震或失去所有的財產，心智的抗拒機制都如出一轍，而你也同樣可以用這方法去應對它。

我練習過靜坐，參加過工作坊，讀過許多靈性書籍，也試過培養不抗拒的心態，但如果你問我是否找到了真實持久的內在平安，我必須誠實地回答：並沒有。為什麼我就是達不到那個境界呢？我還能再做些什麼嗎？

你所做的一切，都是在向外求，你無法跳脫「尋求」的模式。你總是以為，答案就在下一個工作坊中，下一個新的法門會更好。但我要奉勸你，別再去追尋內在平安了，別再去追尋任何當下以外的狀態，否則你將陷入內在衝突和無意識抗拒之中。寬恕你自己，寬恕內在不平安的自己。在你全然接受自己內在不平安的那一刻，那份不平安就已轉化成了平安。任何被你全然接受之物都會帶領你進入平安之境，這就是臣服的奇蹟。

你大概聽過「將你另一邊臉頰轉給別人」（turn the other cheek）這句話，那是兩千年前一位開悟的大師所說的。這位偉大的老師藉此比喻，說明了不抗拒和不回應的道理。如同他所有的教導，這句話說的不是你外在行為應該如何做，它只跟你的內在真實有關。

你聽過盤山（Banzan）的故事嗎？在成為偉大的禪師以前，他花了很多年的時間追求開悟，卻不可得。直到有一天，他路過一座菜市場，無意中聽到一個屠夫和客人的對話。「我要一塊最好的肉。」客人說，屠夫答：「我這裡每一塊肉都是最好的，沒有一塊不是最好的。」聽了這段對話，盤山就頓悟了。

我看得出來，你正在等待一個解釋。當你接納了一切本然，每一塊肉（即每個片刻）都會是最好的，這就是開悟。

慈悲的本質

超越了心智創造的種種二元對立之後，你將變成猶如一座深邃的湖泊。一切外在境遇都只是湖的表面，這個表面有時平靜、有時波動，依季節和天氣的變化有所不同。然而，湖的深處卻是毫無波動的。你就是一整座湖泊，既有表面也有深處，而那深處是寂然不動的。因為不執著於任何境遇，你不會抗拒任何變化。你的內在平安不仰賴外境維繫，你安住在沒有變動、沒有時間、沒有死亡的本體裡，不再依賴無常世界帶給你快樂或成就。你可以享受一切、遊戲其間，可以創造出新的形相並欣賞各種形相之美；然而，你不再需要把自己沾染在任何形相之上。

當你變得如此超脫（detached），是否也意味著，你會與其他人愈來愈疏離？

正好相反，只有當你覺知不到本體時，才會對自己的本來面目感到困惑，也對其他人的本來面目感到困惑。你的心智會對別人的形相（包括身體與心智兩方面）有所好惡，然而，真正的交流只有在你覺知到本體的情況下才可能產生。從本體的眼光去看，你會看出別人的身體或心智只是一道簾幕，簾幕後面的才是他們的真實樣貌。所以，在面對他人的痛苦或無意識行為時，如果你可以臨於當下、與本體相連結，就能夠超越形相的遮蔽，看見對方內在那光芒萬丈的純粹本體。從本體的層次看來，所有的痛苦都只是幻相，痛苦乃是來自對形相的認同。如果對方已經準備好了，你便可以透過了悟自己的本體，來喚醒對方內在的本體意識（Being-consciousness），讓療癒的奇蹟得以發生。

這就是所謂的「慈悲」（compassion）嗎？

是的，慈悲就是體認到你與一切萬物有著深層的連結（bond）。慈悲（或說這種連結）有兩個面向：一方面，仍有物質形體的你和一切眾生皆同，都是脆弱、可朽的形體。下一

次，當你說「我跟那個人沒什麼共通點」這句話的時候，請記住，你跟那個人還是有很多共通之處的。幾年過後（也許兩年，也許七十年），你們都將會死亡、腐朽、化為塵土。這是不爭的事實，所以人類實在沒什麼好驕傲自大的。這聽起來很消極嗎？一點也不會，就是一個事實而已。為什麼要刻意忽視它呢？就這一點而言，你和萬物是完全平等的。

　　有一種力量非常強大的靈性練習，就是深刻地冥想生理形相（包括你的身體）的生滅性（mortality），這種方法稱為「死前先死過」。深深地進入這冥想中，想像你的身體正在腐朽，最後蕩然無存，接下來，想像你的心智形相或想法也都一一死去；之後，你會發現你竟然還在這裡——那是你的神性臨在本質，散發著光芒並全然覺醒。你了悟到：除了名字、形相和幻相以外，凡是真實之物必不會死。

　　了悟到這個無生死的向度（也就是你的真實本質），乃是慈悲的另一面向。透過深刻的自我感受，你不只認識到自己的無生滅性（immortality），還透過它認識到一切眾生也和你一樣。在形相的層次上，你和萬物一樣有生有滅、終將一死；但

是在本體的層次上，你卻與萬物共享永恆的、發光的生命，這就是慈悲的兩個面向。在慈悲之中，悲傷與喜悅這兩種看似相反的感受合而為一，一起轉化為深深的內在平安。這就是「神的平安」，是人最高貴的感受之一，其具有莫大的療癒與轉化力量。然而，正如我所描述的，擁有真正慈悲的人仍是鳳毛麟角。能夠對他人的痛苦感同身受，固然需要高度的意識狀態，但那僅僅是慈悲的一個面向而已，仍然不夠完整。真正的慈悲超越了感同身受的同理心，它只會發生在悲傷與喜悅融合之處，那是超越一切形相的本體的喜悅、永恆生命的喜悅。

邁向一個嶄新的世界

我不認為身體一定會死亡，我深信人可以長生不死。身體會死亡，只是因為我們對於死亡的信念。

身體會死亡，不是因為你對於死亡的信念；但是，身體會存在或看似存在，卻是因為你對於死亡的信念。生與死是同一幻相的兩面，這幻相是小我心智虛構出來的。小我心智覺知不到生命的「源頭」，它以為自己是孤獨的存在，老覺得受到威脅。於是，它創造出一個幻相，讓你以為你是一具身體，一具總是飽受威脅的形體。

以為自己是一具脆弱的身體，一具出生後不久就會死去的身體，這只是一個幻覺。身體與死亡是同一個幻相，這兩者是密不可分的。你想保留幻相的某一面，同時又想除去它的另一面，那根本是不可能的。你只有兩種選擇：兩者都要，或兩者都不要。

然而，你無法逃離身體，也沒必要如此。身體是你對自己真實本質最大的錯覺，但是，你的真實本質就封存在這個錯覺之內，而不在其外。所以，身體是你唯一能通達真實本質的管道。

如果你把一位天使誤認為一尊石像，那麼你唯一需要做的，只是轉換一種眼光後再仔細看看那尊「石像」，而不是把目光移往他處去尋。你將會發現，那裡從未有過什麼石像。

如果我們是因為相信死亡才創造出身體的，那為什麼動物也有身體？動物是沒有小我的，牠們甚至沒有死亡的信念……

但牠們同樣也會死，至少看起來如此。

記住，你對世界的認知正反映著你的意識狀態，你並沒有與它分離，外面也沒有所謂客觀的世界存在。時時刻刻，你的意識都在創造你居住其中的世界。現代物理學的一大洞見就

是，觀察者與被觀察者是一體不分的——做實驗的人（觀察的
意識）和被觀察的現象，並不是分離的兩個個體。只要觀察者
的觀看方式不同，被觀察的現象也會跟著改變。所以，如果你
相信每個人都是孤立的原子，需要因生存而鬥爭，那你眼中的
一切就會如此，你居住其中的世界將充滿死亡、鬥爭、殺戮、
身體與身體之間的互相殘害。

　　沒有一件事是如其表象所見的那樣。你創造出來、並透過
小我心智去看見的世界，也許非常不完美，甚至是個涕泣之
谷，但你所感知到的只是一些象徵符號，就像夢中所見的形象
一樣，全是你的意識自己詮釋出來的，它們是你的意識跟宇宙
分子能量（這種能量乃是組成所謂「物理現實」的原料）互動
之下的產物。所以，你若從身體、生與死的觀點來詮釋，世界
在你眼中就成了一個掙扎求生的地方。對世界的詮釋可以有無
限多種，不同的詮釋映照出截然不同的世界，而這一切全有賴
於你的意識如何感知。每一種生命形式都有其意識焦點，並由
此創造出各自的世界，所以才會有人類的世界、螞蟻的世界、
海豚的世界等等。此外，還有許多意識頻率與人類不同，以致
人類感知不到其存在的生命形式存在，同樣的，它們也感覺不
到人類的存在。高度意識清明的生命形式，可以覺知到自己與
源頭及萬物的連結，所以他們居住的世界在你眼中會猶如天堂
一般。然而究竟而言，三千大千世界終究只是一個。

　　人類的世界，主要是透過我們稱為心智的意識層次所創造的，然而，集體的人類世界之中還有著天南地北的諸多差異，由於個人對世界的不同認知又衍生出許多的「次世界」（sub-worlds）。所幸，世界是相連的，當人類的集體意識獲得轉化，自然界和動物王國同樣也會映照出這種轉化。這就是《聖經》為何寫說：在未來，「豹子與山羊羔同臥。」[22] 這句話指出了，另一種完全不同的世界的可能性。

　　我說過，今日世界呈現的樣貌，主要是小我心智的反映。小我總是充滿恐懼的幻覺，這個世界自然會受到恐懼支配。一如夢中的形象主要是人的內在感受的象徵性反映，當前的世界也是人類充滿恐懼和負面性的集體心智的反映。我們是無法與世界分離的，所以當大部分的人能夠擺脫小我的幻覺，這種內在的改變將會影響到一切萬物，那時，你將進入一個新世界。佛教有句話說：一草一木最終都會開悟，就是這個道理。聖保羅也說過類似的話，萬物正等待著人的開悟：「整個受造的宇宙，都殷切期盼著上主之子接受啟示。」聖保羅接著還說：萬物都會透過人類的開悟得到救贖，「及至現在……整個受造的宇宙和其各部分，都像在分娩一樣呻吟著。」

22　編註：摘自《舊約》〈以賽亞書〉第十一章第六節。

一個新的意識正準備要誕生，而由於世界只是意識的反映，所以一個新世界也即將誕生。關於這個新世界，《新約聖經》的〈啟示錄〉早有預言：「我又看見一個新天新地，因為先前的天地已經過去了。」[23]

但是，可別把因果關係混為一談了。你的首要之務，不是透過創造一個更好的世界尋得救贖，而是從對形相的認同中覺醒過來。你將不再受制於這個有形世界的層次，你可以在未顯化狀態感受到自己的源頭，進而從對已顯化世界的執著中解脫出來。你仍然可以享受稍縱即逝的歡愉，卻更無懼於失去，不再需要緊緊抓住它們；你仍然可以享受感官之樂，只是不再受到渴望感官經驗的驅使，你從前不斷追尋心理滿足、餵養小我的需求也連帶消失了。因為你已經觸及到，一些比歡愉或任何已顯化事物更珍貴的東西。

換句話說，開悟後的你將不再需要這個世界，你甚至不需要它有所改變。

唯有這樣，你才是在催生一個更好的世界，在為一個完全不同世界的誕生做出貢獻；唯有這樣，你心中才能升起了真正的慈悲，並能從「因」的層次來幫助別人。只有超越世界之上的人，才能帶來一個更好的世界。

23　編註：摘自〈啟示錄〉第二十一章第一節。

　　你或許還記得，我說過慈悲有兩個面向：覺知到自己和萬物皆具「生滅性」的面向，和覺知到自己和萬物皆具「不生滅性」的面向。在更深的層次上，慈悲的療癒力量極為強大。你對別人的療癒並非來自於你做了什麼，而是你的臨在狀態。不論你自己有沒有意識到，每一個接近你的人都會被你的臨在觸動，被你散發的內在平安影響。當你全然臨在時，即使周遭的人對你表現出無意識行為，你也不覺得有反應的需要，因為你知道那都不是實相。你的內在平安如此的深厚，使得任何不平安的念頭都自動瓦解了，彷彿它們從未存在過。你身邊的動物、樹木、花朵都感受到了你的內在平安，並與之呼應。你將透過自己的存在狀態，透過神的平安來教導萬物。你成為了「世上的光」[24]——散發著光芒的純粹意識。你來到「因」的層次化解掉痛苦，也終將化解這世界的無意識狀態。

　　不過，這並不表示你不能以行動教導他人，例如：教導他人如何擺脫對心智的認同，如何認出自己的無意識模式等等。

24　譯註：摘自《新約》〈馬太福音〉第五章第十四節。

然而，教導的核心是活出你的「本來面目」，你的存在狀態永遠比你說了什麼、做了什麼，更具有轉化的力量。

　　同樣的，意識到本體的重要性（並從「因」的層次著手解決問題），也不表示你不能採取實際行動。你的慈悲當然也可以顯化在行動的層次（屬於「果」的層次）上，以此減輕他人的痛苦。例如，當你遇到飢餓的人向你討麵包吃，而你剛好有一些，於是你就把麵包給他。真正重要的是，在你遞給他麵包的那一刻，即使時間非常短暫，但他感受到了本體是什麼，而那塊麵包只不過是一個象徵罷了。那一刻，一股深沉的療癒力量會自對方內在升起；那一刻，既沒有施者，也沒有受者。

難道我們不該消滅貧窮和飢餓嗎？若不先剷除飢餓、暴力之類的「惡」，世界怎麼可能變得更好？

　　所有的「惡」都是無意識的「果」。你當然可以減輕這些「惡果」，但若不根除它們的「因」，「果」是會層出不窮的。真正的改變發生於內在，而不是外在。

　　如果你覺得自己受到呼召，肩負著減輕世界痛苦的使命，這是非常好的。不過，你要記得：不要把注意力全都放在外在世界上。人類意識若不經歷深沉的轉化，世界的苦難將永無止盡，所以，不要讓你的慈悲只流於單一面向。你對他人痛苦與

匱乏的同理心，以及你強烈的助人欲望，必須與你對萬物「永恆不滅本質」的深層了悟取得平衡；你必須了悟到，所有的苦終究只是幻相。接下來，你讓自己的內在平安灌注到你做的事情上。唯有如此，你才能同時在「因」與「果」的層次上，讓轉化發生。

　　如果你正在支持某一個改革運動，其目標是制止深度無意識的人們繼續毀滅自己、彼此和地球，停止把痛苦施加在其他的生命形式上，那麼你也可以把上述方法拿來應用。要記住，一如你無法與黑暗對打，你也無法與無意識對打，如果你試圖這樣做，對立的狀況將更加根深柢固。你將認同於一方，創造出「敵人」，因而陷入無意識狀態中。你可以藉著宣講信息讓覺醒升起，或者充其量練習消極的抵制。但是，當你這樣做的時候，要確定心中沒有抗拒、沒有仇恨、沒有負面心態。耶穌曾說：「要愛你們的仇敵。」[25]他的意思當然是在教我們：別樹立任何敵人。

　　一旦你太過涉入「果」的層次，就會很容易迷失其間。你要隨時保持警醒，保持非常非常強烈的臨在，永遠都要把注意力焦點放在「因」的層次上。教導他人開悟才是你最主要的目標，而你的內在平安，就是送給這世界最珍貴的禮物。

25　編註：摘自《新約》〈馬太福音〉第五章第四十四節。

第十章

臣服的意義

接 納 當 下

你多次提到「臣服」，我不喜歡這個觀念。它聽起來有點教
人認命的意味。如果我們接受事物的本然，就不會有改變
事物的動力。在我看來，不管對個人還是全人類，唯有不
接受當下的限制，努力突破，創造更美好的環境，才能帶
來進步。若非如此，人類大概現在還是住在洞穴裡。我們
該如何取得臣服和採取行動之間的平衡呢？

　　有些人以為，臣服具有消極的意涵，意味著接受失敗、放
棄、經不起生活的挑戰、退縮、怠惰等。然而，真正的臣服與
此截然不同。它並不表示你該消極地忍受一切、無所作為，也

不表示你該停止計畫或採取積極行動。

臣服是一種簡單卻深邃的智慧，是要人隨順生命之流，而不要逆流而行。你經驗生命之流的唯一時刻就是當下，臣服意味著：無條件、無保留地接受當下這一刻，停止對本然的內在抗拒。內在抗拒就是透過心理判斷和負面情緒，對本然說「不」。人遇到事情「不對勁」（go wrong）的時候，特別不容易臣服，因為這時心智的期待和當下的本然出現了巨大落差，那是一個讓人痛苦的落差。如果你活得夠久，就會知道「不對勁」乃人之常情。然而，也正是在逆境中，人最需要學會臣服，如此才能化解你的痛苦與悲傷。臣服於本然，可以讓你擺脫心智的桎梏，重新與本體連結，抗拒其實是心智運作的產物。

臣服純然是一種內在狀態，並不表示你不能對外採取任何行動，改變你的處境。事實上，你需要臣服於的不是整個境遇，而只是其中的一小部分——那就是當下。

當你陷入泥淖，你不會說：「好吧，我認命了，讓它困住我吧。」認命並非臣服。你不需要接受不喜歡的人生處境，不需要欺騙自己說，陷在泥淖中沒什麼關係。剛好相反，你最需要充分認知到的，就是你想要脫離困境。你將會聚焦在當下這一刻，不對它貼標籤，不會去評斷當下。如此，抗拒心理消失了，負面情緒也不見了，你會接受當下的本然。在這之後，你一樣可以採取行動，想辦法讓自己脫離困境。這些行動，我稱

之為「正面行動」，它們比發自憤怒、絕望和挫折的負面行動有效多了。在達成你想要的結果之前，你持續練習臣服，不再對當下貼任何標籤。

打個比方，假若你晚上沿著一條路向前走，四周濃霧瀰漫，但你手上卻有一支強力手電筒，它的光線可以穿透濃霧，照亮眼前一道狹窄卻清晰的空間。那濃霧就好比是你的人生處境，包含了過去和未來，而手電筒就是你的臨在，清晰的空間就是當下。

不臣服的態度會僵化你的心理形相，那是小我的堅硬外殼，製造出強烈的人我分離感。如此一來，圍繞在你四周的世界就顯得充滿威脅，甚至連大自然都被你視為敵人，因為你對一切事物的認知與詮釋被恐懼主導了。這是一種失調的意識狀態，被稱為被迫害妄想症的心理疾病，就是這種狀態的顯性形式。

抗拒心態不只會僵化人的心理形相，也會僵化生理形相——即身體。抗拒會讓身體各部位緊縮，整個身體緊繃。生命能量的自由流動，原本對身體健康極為重要，但它現在受限了。身體工作（bodywork）和某些物理治療可以幫助你疏通生命之流，但除非你在每天的生活中練習臣服，否則都只是治標不治本，因為身體緊繃的根本原因（抗拒模式）並未解除。

你裡面有一樣東西，是不受起伏的人生處境而影響的，但

只有透過臣服，你才可能碰觸到它──那就是你的生命、你的
本體，它永恆存在於無時間性的當下領域。耶穌曾這麼說，找
著了它，就是找著了那「不可少的一件」。[26]

∫

　　如果你覺得，你的人生處境不盡如意、無法忍受，那麼唯
有先臣服於它，你才可能掙脫無意識的抗拒模式，因為正是這
種模式讓此一處境得以維持。

　　臣服與行動是並行不悖的。透過臣服的狀態，一股截然不
同的能量、截然不同的品質，將灌注到你的行動中。臣服讓你
與本體的源頭能量重新連結。如果你的行動發自本體意識，行
動本身就會成為對生命的喜悅慶祝，它將把你帶入更深沉的當
下。透過不抗拒，你的意識及行動的品質會無限倍增，行動
的結果也會反應出行動本身的品質，我們稱這種行動為「出自
臣服的行動」（surrendered action），它和我們幾千年來慣稱的
「工作」（work）不同。隨著更多人意識的覺醒，「工作」這個
字說不定會從我們的語彙中消失，而一個新的字眼可能會被創

26　編註：摘自《新約》〈路加福音〉第十章第四十二節。

造出來，取而代之。

　　你會經歷到什麼樣的未來，取決於你這一刻的意識品質。所以，若想帶來正面的改變，臣服是相當重要的，採取什麼行動本身反倒次要，沒有任何「正面行動」不是在臣服的意識狀態下產生的。

現在我可以理解，為什麼要臣服於一個不如意的處境。只要我接受這一刻的發生，就可以沒有痛苦，甚至超越該處境。但我仍然不明白，要不是因為對現狀有所不滿，人怎麼會有動力或動機，做出改變的行為呢？

　　在臣服狀態下，你對於該採取什麼行動了然於胸，你會按部就班地實行，而且一次只全神貫注在一件事上。去看看大自然，看看萬物如何成就生命的奇蹟，萬物既沒有不滿、也沒有不快樂。耶穌說：「你想百合花怎樣長起來，它也不勞苦，也不紡線。」[27]

　　如果你對目前的處境感到不滿意或不快樂，那就把這一瞬間排除（separate out this instant），並臣服於本然。這等於是打開手電筒讓光線穿透濃霧，如此，你的意識狀態將不再受制於

27　編註：摘自《新約》〈路加福音〉第十二章第二十七節。

外境，不再因抗拒而採取行動。

接著，仔細觀照處境的各個細節，問自己：「我能做些什麼來改變它、改善它嗎？還是乾脆離開它？」然後，就採取適當的行動。不要去想未來可以採取的幾百種行動，你只要專注在當下能做的「任何一件事」就好。或許做計畫就是你當下能做的那一件事，但要確定：你不是在放映「心理電影」，不是將自己投射到未來。你採取的行動通常不會立即見效，在那之前，繼續臣服於本然。如果你無法採取行動，或是你的行動未能讓你脫困，那你該反過來利用困境，讓自己更深入臣服狀態、更深入當下、更深入本體。當你深入到無時間性的向度，改變往往隨即而來。如果原本有憤怒、內疚、散漫等等內在阻因，此時，它們都將在你意識之光的照耀下，消散不見。

別把臣服與自欺混為一談，臣服不等於「反正我習慣了」、「反正我不在乎」之類的態度。如果仔細觀察，你會發現，這些態度其實潛藏著負面性和怨懟，那不是臣服，而是一種偽裝的抗拒心理。每當你覺得臣服了，先將注意力轉向內在，檢視自己是否還殘留任何抗拒心理。你需要高度警覺，否則抗拒心理會以思維或情緒的形式，繼續窩藏在你意識的陰暗角落中。

從心智能量到靈性能量

放下抗拒談何容易，我還是不清楚該如何放下抗拒。如果你說方法就是臣服，那我還是要問：該怎麼做呢？

首先，承認自己仍在抗拒，每當有抗拒心理出現，就對它保持臨在，觀察心智怎樣製造它，怎樣為處境、你自己或他人貼上標籤？觀看其中所涉及的思維過程，感受情緒的能量狀態。當你在一旁觀看抗拒，必會看穿它的毫無用處。全然專注於當下，試著去覺知自己無意識的抗拒心理，如此它將不復存在。你不可能意識清明卻不快樂，也不可能意識清明卻身處負面性中，它們是不可能同時並存的。任何負面性、不快樂或痛苦都是抗拒的展現，而所有的抗拒都是無意識的。

但是，我明明可以意識到自己的不快樂啊？

你會選擇讓自己不快樂嗎？如果不是你選擇的，那又是誰讓它發生的？它的作用何在？是誰讓它保持活力？你說，你意識到自己的不快樂，但事實是你認同了自己的不快樂，並願意讓它透過強迫性思維繼續存在著。這些都是無意識的產物。換言之，如果你意識清明，如果你全然臨於當下，幾乎所有負面

情緒都會瞬間消散。唯有你不處於臨在狀態，它們才有存在的空間。痛苦之身也是如此，你讓自己持續不快樂，這提供了痛苦之身存活的時間，給了它所需的活血。沒有了時間，痛苦之身就會死亡。但你希望它死亡嗎？你真正受夠了嗎？沒有了它，你又是誰呢？

在你練習臣服以前，靈性向度只是你閱讀、談論、興高采烈、寫作、思索、信仰的對象（或對某些人來說，則是完全相反），你的生命不會因此獲得轉化。直到你誠心臣服，才會發現靈性原是你活生生的生命實相。不過，一旦你這麼做，所散發出的能量頻率，將遠高於心智能量的頻率之上。今日，心智能量仍支配著世界，這能量創造了既有的社會、政治、經濟結構，並透過教育系統與傳播媒體持續留存。透過臣服，靈性能量將灌注到這世界上，它不會為你、他人或其他萬物帶來不幸；與心智能量不同的是，它不會汙染地球，不會產生二元對立。凡是受心智能量支配的人，都無法覺察到靈性能量的存在，因為那屬於不同的意識層次。如果有足夠數量的人進入到臣服狀態，完全擺脫負面性的糾纏，那麼靈性能量將創造出一個不同的世界。如果地球未來沒有走向毀滅，到時候，居住在地球上的萬物都將擁有這樣的能量狀態。

耶穌在「登山寶訓」中指出了這樣的能量：「溫柔的人有

福了！因為他們必承受地土。」[28]那是一種靜默卻強烈的臨在，可以瓦解心智的無意識模式。當這種能量充盈內在，各種無意識模式也許還會暫時殘存，卻再也無法擺佈你的生活。透過臣服，你曾抗拒的外境可能迅速轉變或瓦解。靈性能量是一種強力轉化劑，會為人和情境帶來戲劇性的轉變。即使情境沒有立即改變，接納當下仍然可以讓你超越其上。無論是上述哪一種狀況，你都自由解脫了。

在人際關係中臣服

對那些想利用、擺佈、控制我們的人，難道我們也要臣服嗎？

　　他們都是與本體失去連結的人，所以無意識地想從你身上攫取能量和力量。正因為無意識，他們才會被利用和擺佈。如果你反抗或還擊別人的無意識行為，那你也將落入無意識的狀態。臣服並不意味，你任由無意識的人們來利用你，絕對不是，你當然可以清楚而堅定地說「不」，或是離開那個情境，不過是在沒有任何抗拒心理的狀態下。當你對某人或某個情境

28　編註：摘自《新約》〈馬太福音〉第五章第五節。

說「不」，請確定這是否來自你的內在洞見，來自你對於在這一刻，什麼是對、什麼不對的清晰了悟。讓這成為一個非反應性的「不」、高品質的「不」，不含任何負面性的「不」，從此，沒有痛苦得以被造出來。

我對目前的工作很不滿意，我試著去臣服，但實在辦不到，許多的內在抗拒反覆出現。

　　如果無法臣服，那就馬上採取行動。說出你的感受，或採取一些可以改變處境的行動，要不然乾脆辭職離開。對你的人生負起責任，不要讓負面心態汙染了美麗的地球和本體的內在光芒，不要讓任何不快樂在你內找到容身之處。

　　如果無法採取行動（比方說你正在坐牢），那你只剩兩個選擇：抗拒或臣服，受制外境或內在自由，選擇痛苦或內在平安。

難道面對外在行為，我們也不去抗拒嗎？比方說，不抗拒暴力行為。還是說，抗拒只與我們的內在生命有關？

　　你唯一需要關注的，只有你的內在層面，那才是第一優先的事。一旦你的內在獲得了轉化，你的生活處境、人際關係也

會跟著發生轉變。

　　你與他人的關係，將因你的臣服而產生深遠的改變。如果你不能接受本然，就意味著你無法接納他人的如實樣貌，你會評斷、批評、貼標籤、排斥，甚至試圖改變對方。如果你一直視當下為達成未來目標的過渡，同樣的，你也會把身邊的每個人視為達成目標的工具，那麼，關係對你而言便居於次要。對你來說，能從別人身上得到什麼好處才最重要，例如：物質利益、權力感、感官歡愉，或某種形式的自我滿足。

　　臣服如何改變我們的人際關係？當你與伴侶、親近的人發生爭論或衝突時，首先，觀察當你的立場受到攻擊時，你是如何自我防衛的；或是趁你攻擊對方的立場時，感受一下自己侵略性的能量狀態。觀察自己如何執著於特定的觀點和意見，感受一下在追求「我對你錯」的需求背後，那一股「心理─情緒」能量狀態──小我心智的能量狀態。承認它、意識到它、盡可能去感受它，如此假以時日，你將能在爭論到一半時突然醒悟：原來自己是有選擇權的，說不定你會決定放下自己的反應，單純看著發生了什麼事。你臣服了。放下反應，並不只是口頭上說：「好，你是對的。」但臉上卻一副「我超越了這幼稚的無意識遊戲」的表情。不是這樣的，那只是把抗拒心理轉移到另一個層面，你仍受制於小我，仍然認為自己高人一等。我說的臣服是指：放下你裡面，那不斷抓取力量的整個「心理─

情緒」能量場。

　　小我是很狡猾的，你必須非常警醒、非常臨在，誠實地察看：自己是否真正拋棄了對某個心理預設的認同，是否真正擺脫了心智的掌控。如果你突然感覺到很輕鬆、很清明，內心充滿平安，那代表你已真正臣服了。然後，再觀察看看，當你不再用抗拒去強化對方的心理預設時，對方會發生什麼轉變？你會發現，當人不再認同自己的心理預設，真正的交流於焉展開。

難道遇到別人暴力相向時，我們也不抗拒嗎？

　　不抗拒並不代表什麼都不做，而是指你的「行動」不再起於反射動作。東方武術的精義與此相似：別正面抵擋對方的蠻力，要以柔克剛。

　　不過，如果你處於強烈的臨在狀態中，那麼「什麼都不做」（doing nothing）便是一帖強大的轉化劑，可以用以轉化或療癒情境與個人。道家所謂的「無為」（「沒有行動的活動」或「靜靜坐著什麼都不做」），就是這個意思。在古代的中國，「無為」被認為是最高的成就或美德，它與「裹足不前」在意識上截然不同，後者是恐懼、散漫或猶豫不決的產物。真正的「什麼都不做」，意指內在不去抗拒和保持強烈的警覺。

　　另一方面，如果你臣服於某個處境，卻又必須採取行動，那麼你的行動將不會受制於心智，而是出於你有意識地臨在。你的心智從概念、想法中解脫，甚至非暴力的概念也不存在了。所以，誰能預測你將採取什麼行動？

　　小我相信，抗拒可以展現個人的力量，事實恰好相反：抗拒會切斷你與本體的連結，而本體是你唯一的力量來源。抗拒是由脆弱和恐懼偽裝而成的剛強，小我視為剛強的實際上卻是脆弱的。所以，一直活在抗拒模式下的小我，老是偽裝成某些角色來掩蓋住你的「脆弱」——事實上，脆弱才是你真正的力量。

　　除非你臣服了，否則無意識的角色扮演遊戲，將佔據你人際互動中的一大部分。一旦你臣服了，便不再需要小我打造的面具或防禦措施，你將變得非常單純、非常真實。「危險！你會受傷。你是非常脆弱的。」小我經常這樣提醒我們，但小我不知道：唯有放下抗拒、成為脆弱的，才可能發現自己本質上的百害不侵。

將疾病轉化為開悟

如果有人罹患重病卻全然接納、臣服，會不會失去求生意志？他們還會下定決心打倒疾病嗎？

臣服乃是毫無保留接受事物的本然。我們談論的是你的「生命」——即是此刻，而不是你的「人生處境」。關於這點，我先前已說明過了。

疾病是你人生處境的一部分，它有過去和未來。過去和未來是不間斷相連的，除非你能夠保持有意識地臨在，專注於當下，才能取用到當下的救贖力量。誠如我們所說的，各種人生處境之下都潛藏著更深邃的本質：你的「生命」，也就是存在「無時間性的當下」中的你的本體。

「當下」是沒有任何問題的，也無所謂疾病可言。如果你相信別人為這處境貼上的標籤，那它就會存在並被強化，變成一個看似堅固無比的實體。如此一來，你不僅讓這個處境更為真實，更難以突破，還賦予了它原本沒有的時間連續性。專注於當下，不對它亂貼標籤，疾病將只是一些徵狀而已：身體疼痛、虛弱、不舒服、行動不便。當下，才是你要臣服的，而不是臣服於「疾病」這個觀念。允許病痛強行帶你進入當下此刻，進入強烈的臨在意識中，利用疾病來達到開悟。

臣服不是去轉化事物的本然，至少不是直接去轉化它。臣服轉化的是你自己，一但你轉化了，你的整個世界就會跟著轉化，因為外在世界只是你內在意識的映照。關於這點，我們先前也談論過了。

如果你不喜歡鏡子裡的自己，你會去攻擊鏡中影像嗎？當

然不會，因為你知道那太荒謬了。但在現實生活中，我們卻一再這麼做。如果你攻擊鏡中影像，它當然就會反擊；但同樣的，如果你如實接納它、對它友善，它也無法不對你友善。這就是你改變世界的方法。

疾病不是問題，你本身才是問題。只要還是受到心智支配，你就是個問題。當你生病或行動不便的時候，不要覺得自己無能，不要感到內疚，不要埋怨生命對你不公平，也不要責怪自己，這些都是抗拒。如果你生了重病，就利用它來邁向開悟。試著如此看待所有發生在你生命裡的「壞事」，把時間從疾病中抽離，不要給予它任何過去或未來，讓它強迫你進入強度的當下覺知，看看會發生什麼事。

學習當個煉金術師，把金屬轉化成黃金，把痛苦轉化為清明意識，把苦難轉化為開悟。

你正處於疾病之中，對我說的感到生氣是嗎？那就是一個明顯的信號，顯示你的「病」已成了你自我感的一部分，於是你此刻想保護你的自我認同，保護你的病。其實，被你貼上「生病」標籤的情境，根本與你真正是誰完全無關。

當災難來襲時

對於處於無意識狀態的絕大多數人，唯有在面對「臨界處

境」（limit-situation）時，才有機會打破小我的堅硬外殼，迫使他們臣服，從而進入覺醒狀態。所謂的「臨界處境」指的是，遭遇重大災難、劇烈動亂、重大的失落感，或當事人的整個世界分崩離析、不復存在任何意義的情況。那是一種與死亡交會的經驗，無論是生理或心理上的。形塑這個世界的小我瓦解了，從舊世界的餘燼中，一個新的世界於焉誕生。

當然，誰也不能保證臨界處境絕對管用，但它確實具有這樣的潛力。有些人，就算面對臨界處境，也還是抗拒本然，因而直墜入地獄；有些人則只是稍作臣服，可喜的是，即使如此，還是可以讓人感受到前所未有的深度和靜謐。小我的外殼會因此出現裂縫，被心智掩蓋住的光芒和平安，將從這些裂縫中透射出來。

臨界處境造就過許多奇蹟。有些等待處決的死刑犯，在人生盡頭的幾小時內經驗到無我（egoless）狀態，伴隨而至的是深沉的喜悅和平安。這是因為他們面對了無比強烈的痛苦，卻又無處可逃，甚至不能將希望寄託在未來，只好完全接納當下的處境。他們被逼著臣服，因此得到恩典、得到救贖，他們完全擺脫了過去的桎梏。當然，並非臨界處境本身帶來恩典和救贖的奇蹟，而是他們的臣服。

所以，任何災難、嚴重「壞事」臨頭，例如：罹患疾病、行動不便、失去家園、失去財產、失去社會地位、親密關係結

束、面對摯愛的人受苦或往生、或你自己即將去世時，都要記得：災難自有它的另一面，你和不可思議的奇蹟只剩一步之遙。跨出這一步，金屬就會轉化為黃金，痛苦就會轉化為平安。這一步，就叫臣服。

我並不是說，你將在這種處境下會感到快樂，那是不可能的，但你的恐懼和痛苦卻會被轉化為平安和靜謐，它們會從一個很深很深的地方升起，從未顯化狀態升起。聖保羅曾說，那是一種「超乎一切所能理解的平安，是神所賜的平安。」與之相比，快樂是那麼的膚淺。伴隨著這光芒四射的平安而來的，是一種體悟：你是堅不可摧、永恆不滅的。這不是一個信念，而是絕對的真理，無需外在證據或間接證據的證明。

將苦難轉化為平安

古希臘時代，有一位斯多噶派哲學家[29]聽聞兒子喪亡，竟神色自若地說：「人遲早會死。」這算是臣服嗎？如果是，我可不想要這樣的臣服。在我看來，人在某些處境中表現得泰然自若，根本是違反自然和人性的。

29　譯註：斯多噶派主張安時處順，不以物喜、不以己悲。

　　切斷自己的感受，並不算臣服。可惜，我們已無從得知當時那位哲學家的內心感受。在某些極端狀況下，接納當下幾乎是不可能的，儘管如此，你總會有第二次機會。

　　第一次臣服的機會，是在每個當下此刻接納事物的本然，知道本然是不可改變的，是已然存在的樣貌，你只能接納它，然後再視情況需要，採取必要的行動。假如你安住於這種接納的狀態，就不會有負面情緒，不會創造出更多的痛苦、不快樂。如此，你將安住於一種沒有抗拒、充滿恩典和光明的狀態中，內心沒有絲毫掙扎。

　　如果你做不到，錯失了第一次的機會，也沒關係。也許是你沒有充分保持臨在，所以受到習慣性無意識抗拒模式的制約，或是因為那情境太過於極端、讓人無法接受，你會因此製造出某些形式的痛苦。乍看之下，似乎是這處境引發了你的痛苦，其實不然，是你的抗拒引發了你的痛苦。

　　沒關係，你還有第二次臣服的機會。如果你不能接納外在的本然，那就接納內在的本然吧。如果不能接受外境，那就接受內境吧。這意味著，不要去抗拒痛苦，允許它留在那裡。臣服於悲傷、絕望、恐懼、孤單、或任何一種受苦的形式，觀看它，但不要貼標籤。擁抱它。然後，你將看見臣服的奇蹟：最深的痛苦轉化為最深的平安。這就是你的十字架苦刑（crucifixion），它會帶著你復活、升天。

我不了解，人如何能臣服於痛苦。就像你先前所說的，痛苦就是不臣服，我們要如何臣服於不臣服呢？

　　暫且先把臣服這個觀念放在一旁，當你深感痛苦，說些什麼臣服都是徒勞的，都毫無意義。當你深感痛苦，你可能只想逃離它，而不是臣服於它；你可能再也不想弄清楚自己目前的感受，這再正常也不過了。但是，你有地方可逃嗎？沒有，只有一些虛假的逃避方法，例如：埋首工作、酗酒、嗑藥、大發雷霆、投射、壓抑，這些都是逃避的選擇方式，但它們都無法讓你真正擺脫痛苦，痛苦的程度不會因為你的抑制而減少。當你否認自己的情緒痛苦，你所想所做的每件事、你的關係，都會受到玷汙。你散發出的負面能量，別人會無意識地接收到。如果他們也處於無意識狀態，說不定還會被迫攻擊你、傷害你；或者，你也可能無意識地投射出自己的痛苦，而導致他們受傷。總之，你會吸引來或顯化出和自己內在狀態一致的情境。

　　儘管找不到出去的路，至少你可以選擇穿越它。不要迴避痛苦，面對它、徹底感受它，但別思考它！必要的話，說出你的痛苦，但不要在腦海裡勾勒出屬於這痛苦的劇本。全然專注於你所感受到的痛苦，而非那些看似引發痛苦的人事物。別讓心智支配你的痛苦，讓你誤以為自己是受害者。為自己抱不平或找人吐苦水，只會讓你深陷痛苦之中，無法自拔。你是不可

能逃避痛苦感受的，唯一的改變契機就是進入它，否則，轉化不會發生。全然專注於你的痛苦感受，避免對它貼標籤。當你深入自己的痛苦感受時，記得要非常警醒。對你來說，那一開始會是個幽暗、可怕的地方，你會有種想轉身跑開的衝動。什麼都不要做，只管注視著它。繼續專注在你的痛苦感受上，感受你的悲傷、恐懼、擔心、寂寞，不論你的感受是什麼。保持警醒，保持臨在，讓你整個本體保持臨在，讓你身上的每個細胞都保持臨在。如此，你就是將光明帶進黑暗，這就是你點亮的意識之火。

到了這個階段，你不再需要擔心自己臣服與否的問題，你已經臣服了。怎麼說呢？因為全然的專注就是全然的接納，也就是全然的臣服。藉由全神貫注，你取用了當下的力量、臨在的力量。這個時候，沒有絲毫的抗拒可以繼續留存，臨在挪走了時間；沒有了時間，痛苦或任何負面性都不復存在。

接納痛苦，是一趟通往死亡的旅程。面對深沉的痛苦，允許它如實呈現並全然專注其上，就是有意識地進入死亡。當你經歷過這種死亡，就會知道死亡根本不存在。會死去的只有小我，而你將不再恐懼。這就好像有一束陽光，它忘了自己是太陽的一部分，誤以為自己必須為生存奮戰，必須創造和擁有一個有別於太陽的身分認同。試問，如果這種幻覺消失，不是一種不可思議的解脫嗎？

你想要平靜地去世嗎？你想要沒有痛苦的死亡嗎？那就讓過去的每個時刻逝去吧，讓你的臨在之光，驅散那困在沉重時間牢籠裡，你以為的那個「你」吧。

受難之路

許多人都是在經歷巨大創痛後才找到神的。基督徒所說的「受難之路」[30]（Way of the Cross），似乎就是指這樣的道路。

我所說的正是這條「受難之路」。

嚴格說來，那些人並非因為痛苦才找到神的。有痛苦，意味著有抗拒。那些人是因為臣服，因為全然接納當下的本然而找到神的，而他們之所以臣服，是受到強烈痛苦之所迫。他們已然明瞭，痛苦都是自己創造的。

你為什麼說，臣服和找到神是同一回事呢？

30　譯註：耶穌被押往釘十架地點所走過的路。

　　因為抗拒與心智是密不可分的，放棄抗拒（即臣服），就是不再讓心智作主，不再誤將冒牌貨當成自己。此時，所有的評斷和負面性都將消散，一直受心智遮蔽的本體將再度現前。突然間，你會感受到強烈的默觀、無法言喻的內在平安。在這內在平安裡，有無比的喜悅；在這喜悅裡，有愛。而這一切的最核心處，則有一種神聖、不可測量和無以名狀的「什麼」。

　　我不稱它為找到「神」，因為那是你生命的本質，你從未失去，又何須尋找呢？「神」一詞是如此的局限，不僅幾千年來被人誤解和濫用，也暗指其為一種在你之外的實體。神就是本體本身，不是一種形式。沒有主客體之分，沒有二元對立，沒有你與神之分。了知到「神」是最自然不過的事，真正讓人驚訝和無法理解的，並非你可以意識到「神」，而是你竟然意識不到「神」。你提到的「受難之路」，是通往開悟的傳統道路，如今，它還是唯一的路。不要錯失或低估其效力，它還是行得通的。

　　受難之路是一條完全顛倒常理的路，它意味著，你人生中最糟糕的事物（即你的十字架）將迫使你臣服、進入「死亡」，迫使你變得一無所是（nothing），迫使你變成神（因為神也是一無所是），轉而變為最美好的東西。

　　目前，對絕大多數無意識的人而言，「受難之路」仍是唯一的路。他們唯有透過更沉重的苦難，才會有覺醒的可能。所

以，可預期的是，全人類若想要大規模覺醒，必先遭遇驚天動地的災難。《新約》〈啟示錄〉對此有所描述，只不過以晦澀和高度象徵的方式來表達。這些苦難，不是神加諸於人的，是人加諸於自己的，也是地球自身的防衛措施。地球乃是一個活生生、有智慧的有機體，為了保護自己，它必須興起災難，阻止人類對它的瘋狂毒害。

不過，愈來愈多人的意識已足夠清明，他們不需飽經痛苦才能開悟。你，說不定就是其中之一。

經由「受難之路」進入開悟，意味著被強押進天國。在此情況下，人之所以臣服，是因為再也受不了更多的苦。在這之後，痛苦還將會持續一段時間。有意識地選擇開悟，就是選擇放下對過去和未來的執著，將生命聚焦於當下。這意味著，選擇了安住於臨在狀態而非時間牢籠裡，意味著對當下本然說「是」。因此，你將不再需要痛苦了。你認為自己需要多久時間，才可以說出：「我不要再製造更多痛苦了。」你認為自己需要承受多少痛苦，才做得出這樣的選擇？如果你需要更久的時間，那麼你將得到更久的時間、更多的痛苦。痛苦和時間是無法分割的。

選擇的力量

但有些人，明明就是以苦為樂。我有個總是受到家暴的朋
友，她的前夫也是暴力人物。我不懂，她為什麼偏要選這
樣的男人，為什麼不離開這樣的處境呢？為什麼有那麼多
的人，寧願選擇痛苦？

　　據我所知，「選擇」是新時代圈子裡當紅的一個用語，不
過，在此使用這個語詞並不恰當。說某個人「選擇」了不和諧
的夫妻關係或其他負面處境，是有語病的。「選擇」的前提必
然是有意識的，是出自於一種高度意識狀態。沒有這樣的清明
意識，就沒有所謂的「選擇」。「選擇」始於你擺脫心智及其制
約模式的那一刻，始於你臨於當下的那一刻。若非如此，你就
仍是無意識的、受制於心智，仍被迫依照心智的模式去思考、
感覺與行事。這就是為何耶穌會說：「父啊，赦免他們！因為
他們所做的他們不曉得。」[31] 這和一個人聰明與否無關。許多
聰明人和受過高等教育的人，還是無意識的，仍舊與心智認同
的。事實上，一個人若沒有高度清明的意識，他愈是聰明、知
識淵博，愈可能陷入不快樂和危險的處境。

31　編註：摘自《新約》〈路加福音〉第二十三章第三十四節。

你的朋友會嫁給一個施暴的伴侶，而且不只一次。為什麼會這樣呢？因為她沒有「選擇」。由於心智受到過去的制約，喜歡重蹈覆轍，複製出熟悉的處境；哪怕處境是痛苦的，但起碼是熟悉的。心智總是對已知戀戀不捨，未知對心智來說是危險的，因為無法掌控，這就是心智不喜歡當下、要忽略當下此刻的原因。覺知到當下這一刻，不只可以在思緒之流裡創造間隙，還可以在「過去—未來」的連續體中創造間隙。沒有任何新穎、富有創意的事物，不是在這些間隙中產生的，那是個充滿無限可能的清淨空間。

也就是說，你那位朋友因為受到心智制約，所以再度創造出一個她所熟悉的生活模式，並從過去的經驗中，習得了親密與暴力的密不可分。或者，她是依據童年時建立的心智模式行事，在此模式下，她認為自己沒有價值、活該受罰。另外，也可能是，她大半人生都是活在痛苦之身裡，習慣了四處搜尋痛苦來餵養它。她的伴侶也有他自己的無意識模式，這剛好與她的互補。當然，她的處境是自己創造出來的，但創造這處境的「自己」又是誰呢？其實就是來自過去的「心理—情緒」模式。為什麼要指出這個模式，而不直接說她呢？如果你告訴她，是她選擇了這樣的處境，這只會強化她對小我的認同。但是，她的心智模式就等於她嗎？她的真實身分來自於過去嗎？告訴你那位朋友，如何擺脫思維和情緒，做一個臨在的觀察者。告訴

她何謂「痛苦之身」，以及如何擺脫它。教導她覺察「內在身體」的方法，為她展現何為臨在的意義。一旦她能取用當下的力量，就能掙脫過去的制約，開始做出選擇。

沒有人會選擇失調、衝突與痛苦，沒有人會選擇神智失常。人之所以如此，純粹是因為當下的臨在不足以瓦解過去的總總，因為眼前的光芒不足以驅散黑暗的籠罩。你沒有全然安住在這裡，還沒覺醒過來，所以你的生命還持續受到心智的支配。

如果你像許多人一樣，和父母的關係還卡著一些議題，認為他們做了不該做的事或沒做到該做的事。那麼，你等於相信父母是有「選擇」的，他們可以選擇不一樣的做法；這只是錯覺，一旦你受到心智及其制約模式的支配，便是與心智認同，那時候，你還有任何選擇可言嗎？沒有，你甚至不存在了。認同心智是一種嚴重的失調，是一種神智失常的表現。幾乎所有的人都為此所苦，只是程度不一而已。只要你明白這個道理，就不會再懷恨父母親了。你怎麼會對生病的人，心生怨恨呢？你唯一適當的回應，就是對他們慈悲。

你是說，沒有人需要為自己所做的事負責？我不喜歡這種說法。

如果你受到心智支配，那你所做的事雖然不是出於己意，卻仍要承受無意識的苦果，仍會繼續製造痛苦。恐懼、衝突、問題和痛苦會像重擔一樣，壓在你的身上。不過，這些痛苦終將迫使你擺脫無意識狀態。

我想，關於「選擇」的這些解釋也適用於「寬恕」吧，一個人必須意識全然清明並願意臣服，才能真正地寬恕。

「寬恕」一詞使用了兩千多年，但大多數人對它的了解卻相當狹隘。只要你的自我感是建基於過去，就不可能真正寬恕自己或其他人。唯有當你取用當下的力量、你自己的力量，真正的寬恕才會出現。過去將不再擁有影響力，而你也將深深明白，任何你曾做過或別人曾對你做過的事，絲毫無損於你光芒四射的內在本質。此時，連寬恕這個概念都是多餘的了。

我要如何才能到達這種境界？

只要臣服於事物的本然，全然臨於當下，過去就失去了影響你的力量。你再也不需要它了。你的臨在就是關鍵，當下就是鑰匙。

我如何知道自己已經臣服了？

當你不再需要這麼問的時候。

致謝

我要向康妮·凱勒（Connie Kellough）致以深深的謝意，她除了給予我愛的支持，還在出版過程費盡心思，讓本書得以誕生於這個世界，與她共事是一大樂事。

我還要感激柯瑞·蘭德（Corea Ladner）和其他給予我空間的人——寫作的空間和可以如如呈現的空間。這是最珍貴的禮物，也間接促成了本書的出版，謝謝你們，溫哥華的安德芮·布瑞德莉（Adrienne Bradley）、倫敦的瑪格莉特·米勒（Margaret Miller）、格拉斯頓伯里（Glastonbury）的安潔·弗朗西斯科（Angie Francesco）、門諾帕克（Menlo Park）的理查（Richard）和索薩利托（Sausalito）的芮妮·弗魯姆金（Rennie Frumkin）。

雪莉·史帕斯曼（Shirley Spaxman）和霍華·凱勒（Howard

Kellough）都讀過本書初稿，並提出寶貴意見，在此一併致
謝。之後也有許多人讀過手稿，並讓它更為周延。感謝蘿絲·
登迪薇區（Rose Dendewich）為我手稿所做的文字處理，她的
親切和專業真是無與倫比。

對於我的雙親，我要表達我的愛和感謝。沒有他們，便不
會有這本書。最後，我要感謝我所有靈性老師和我最重要一位
上師——生命。

BC1004T

當下的力量：通往靈性開悟的指引
The power of now : a guide to spiritual enlightenment

作者	艾克哈特·托勒（Eckhart Tolle）
譯者	梁永安
責任編輯	田哲榮
美術構成	吉松薛爾
校對	吳小微

發行人	蘇拾平
總編輯	于芝峰
副總編輯	田哲榮
業務發行	王綬晨、邱紹溢、劉文雅
行銷企劃	陳詩婷
出版	橡實文化 ACORN Publishing
	地址：231030 新北市新店區北新路三段 207-3 號 5 樓
	電話：（02）8913-1005　傳真：（02）8913-1056
	網址：www.acornbooks.com.tw
	E-mail 信箱：acorn@andbooks.com.tw

發行	大雁出版基地
	地址：231030 新北市新店區北新路三段 207-3 號 5 樓
	電話：（02）8913-1005　傳真：（02）8913-1056
	讀者服務信箱：andbooks@andbooks.com.tw
	劃撥帳號：19983379　戶名：大雁文化事業股份有限公司

印刷	中原造像股份有限公司
三版一刷	2023 年 3 月
三版六刷	2024 年 7 月
定價	350 元
ISBN	978-626-7085-79-0
	版權所有·翻印必究（Printed in Taiwan）　缺頁或破損請寄回更換

國家圖書館出版品預行編目（CIP）資料

當下的力量：通往靈性開悟的指引 / 艾克哈特.托勒
(Eckhart Tolle) 著；梁永安譯. -- 三版. -- 臺北市：
橡實文化出版：大雁出版基地發行，2023.03
面；　公分
譯自：The power of now : a guide to spiritual enlightenment.

ISBN 978-626-7085-79-0（平裝）

1. CST: 靈修

192.1　　　　　　　　　　　　　　112000995

歡迎光臨大雁出版基地官網
www.andbooks.com.tw
·訂閱電子報並填寫回函卡·

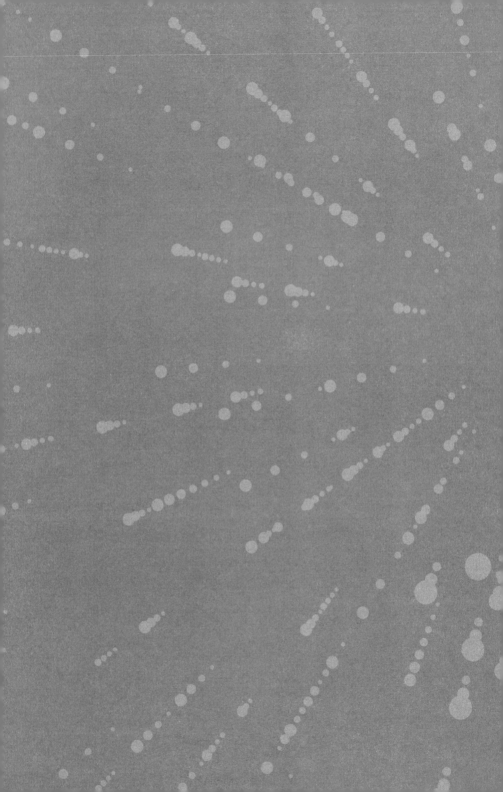